AF452062

GÉOGRAPHIE ÉLÉMENTAIRE

DES CINQ PARTIES DU MONDE

COURS COMPLET DE GÉOGRAPHIE

A L'USAGE

DES ÉTABLISSEMENTS D'ENSEIGNEMENT SECONDAIRE

GÉOGRAPHIE ÉLÉMENTAIRE

DES CINQ PARTIES DU MONDE

PAR

M. H. PIGEONNEAU

PROFESSEUR D'HISTOIRE A LA SORBONNE
VICE-PRÉSIDENT DE LA SOCIÉTÉ DE GÉOGRAPHIE COMMERCIALE, MEMBRE
DE LA SOCIÉTÉ DE GÉOGRAPHIE

Ouvrage rédigé conformément aux programmes officiels de 1880
et contenant 9 cartes et 51 figures intercalées
dans le texte

AUTORISÉ PAR M. LE MINISTRE DE L'INSTRUCTION PUBLIQUE (1881)

CLASSE DE HUITIÈME

TROISIÈME ÉDITION

PARIS

LIBRAIRIE CLASSIQUE EUGÈNE BELIN
Vᵛᵉ EUGÈNE BELIN ET FILS
RUE DE VAUGIRARD, N° 52

1884

Tout exemplaire de cet ouvrage non revêtu de ma griffe
sera réputé contrefait.

CLASSE DE HUITIÈME

GÉOGRAPHIE ÉLÉMENTAIRE

DES CINQ PARTIES DU MONDE

LIVRE I

NOTIONS GÉNÉRALES

CHAPITRE PREMIER

LES GLOBES ET LES CARTES. — LES POINTS CARDINAUX.

I

Le mot *géographie* signifie description de la terre.

On apprend la géographie dans les livres, mais on l'apprend surtout par l'étude des globes et des cartes qui ont sur les livres l'avantage de parler aux yeux.

Les globes. Forme de la terre. — Les globes reproduisent exactement la figure de la terre, qui a la forme d'une boule comme la lune et comme le soleil, mais ils la reproduisent dans des proportions infiniment petites. En effet, la terre a dix mille lieues kilométriques(1) ou 40,000 kilomètres de tour, espace immense, dont on peut se faire une idée, si l'on songe qu'une locomotive franchissant un kilomètre à la minute mettrait près de 28 jours à le parcourir tout entier. Sur un globe d'un mètre de tour une longueur de 40 kilomètres serait donc représentée par une ligne presque imperceptible, longue d'un millimètre. Cette immensité de la surface terrestre nous explique pourquoi nous ne nous apercevons pas que la terre est ronde et a la forme d'une boule ou d'une sphère. Attachez une corde à un piquet, plantez ce piquet en terre, fixez à l'autre extrémité de la corde un morceau de bois pointu,

(1) La lieue kilométrique est de 4 kilomètres ou 4,000 mètres.

et avec cet instrument qui peut remplacer le compas du dessinateur, tracez sur le sable un cercle aussi vaste que le permettra l'espace dont vous disposez; mesurez ensuite une petite portion de la ligne qui dessine le contour de ce cercle, cinq centimètres, par exemple, effacez le reste et considérez la fraction que vous aurez conservée, elle vous paraîtra presque droite et vous en distinguerez à peine la courbure. Il en est de même de la terre, avec cette différence qu'elle a 40 millions de mètres de tour, tandis que votre cercle n'aura que dix ou douze mètres. Cependant des faits que tout le monde connaît suffiraient à nous convaincre de la forme de la terre, quand même la science ne l'aurait pas démontrée par des preuves plus certaines.

Fig. 1. — Courbure de la terre.

Quand on découvre de la côte un navire qui vient de la haute mer, et qui se dirige vers le port, on aperçoit d'abord le haut des mâts, puis les voiles basses, avant de distinguer la coque du bâtiment; on dirait que le vaisseau sort peu à peu de la mer. Ce fait serait inexplicable si la surface de la terre et de la mer était plate ; car on devrait apercevoir en même temps toutes les parties du navire. L'explication est au contraire toute naturelle si cette surface forme une ligne courbe, comme il est facile de le voir par la figure où on a, il est vrai, fortement exagéré la courbure de la terre (1). La terre est donc une sphère, et les globes terrestres en sont la reproduction fidèle.

Les cartes planes. — Mais les globes, indispensables pour donner une idée juste de l'ensemble de la terre, sont insuffisants pour l'étudier en détail.

Le pays que nous habitons, la France, n'occuperait, sur un globe d'un mètre de tour, qu'un espace d'à peu près cinq centimètres carrés, et un département n'aurait guère plus de quatre millimètres carrés. On a donc essayé de représenter la terre et les parties de la terre par des figures planes, comme

(1) Ces exemples doivent toujours être rendus sensibles par une figure tracée au tableau noir, et par la démonstration sur un globe, ou sur un corps sphérique quelconque si le maître n'a pas de globe à sa disposition.

on représente par un dessin ou par un tableau un paysage ou un monument. Ces figures planes, ce sont les cartes géographiques.

Supposez que vous vouliez embrasser d'un coup d'œil la surface que couvre une maison et la disposition des chambres, des couloirs, des escaliers, sans tenir compte des détails de l'architecture, et de l'élévation au-dessus du sol ; vous pourrez représenter sur le papier, par de simples lignes, les contours extérieurs du bâtiment, par d'autres lignes intérieures les cloisons qui séparent les chambres, et vous aurez ainsi une figure qui vous donnera une idée de la forme de l'édifice prise au niveau du sol, et même de la distribution intérieure, à condition toutefois de faire un dessin spécial pour chaque étage. Cette figure est un **plan** (1).

Ajoutez-y le tracé de la rue qui passe devant la maison, dessinez de même l'emplacement des maisons, des jardins, des rues voisines en ne conservant que les lignes qui représentent la forme extérieure des bâtiments, et au lieu du plan d'un édifice vous aurez celui d'un quartier ou de toute une ville. (Voir le plan, page 5.)

Simplifiez de plus en plus les détails, ne représentez que par un point les édifices isolés et par une teinte uniforme les pâtés de maisons qui séparent les principales rues : étendez votre travail aux campagnes environnantes en indiquant les bois, les cours d'eau, les routes, les limites des grandes propriétés, et vous aurez une **carte topographique** (2) qu'on pourrait à la rigueur appeler encore un plan. (Voir le plan, page 5.)

Représentez la ville elle-même par un point, supprimez les détails de la carte, contentez-vous d'indiquer les chemins de fer, les grandes rivières, les accidents de terrain les plus importants, étendez à tout un pays le même système de repré-

(1) Pour faire comprendre ce qu'il faut entendre par ces mots, plan, carte topographique, on prendra comme exemple la *classe* dont on tracera le plan au tableau ; puis réduisant le plan de la classe, on tracera celui de l'établissement tout entier avec les cours, le jardin, etc. ; on arrivera par des réductions successives à reproduire à grands traits le plan des rues voisines, puis la carte topographique des environs immédiats, enfin la carte du canton où on n'indiquera que les grandes routes, les chemins de fer, les villes et les cours d'eau les plus connus.

(2) On appelle carte topographique celle qui donne la description détaillée d'un lieu particulier ou même de tout un pays. La carte de France levée par les officiers de l'État-major, et à laquelle nous avons emprunté le plan de Saint-Cloud, est une carte topographique.

sentation sommaire, et vous aurez une **carte** proprement dite, dont vous pourrez élargir ou restreindre à l'infini les dimensions.

Enfin, si vous voulez reproduire de la même manière toute la surface de la terre, comme vous ne pouvez voir en même temps les deux moitiés d'une boule, vous serez obligé ou de les dérouler et de les étaler comme une nappe (1) (d'où vient le nom de *mappemonde*), ou de les aplatir et de les faire ensuite tourner comme autour d'une charnière, pour qu'elles se présentent toutes les deux à la fois. Ces cartes générales de la terre s'appellent mappemonde ou *planisphère* (sphère aplatie).

Déformation de la terre dans les cartes planes. — Mais il est impossible d'aplatir ou de dérouler une surface telle que celle d'un ballon ou d'une orange et de l'appliquer sur une surface plane, sans la déformer et sans lui faire subir des déchirures. Essayez, après avoir partagé une orange par la moitié, d'en détacher délicatement la peau, de manière à ce qu'elle conserve la forme d'une calotte, et de l'appliquer ensuite sur une table, vous n'y réussirez pas sans la déchirer. Il en est de même de la surface terrestre, et plus la portion qu'on voudra reproduire sera considérable, plus l'erreur sera sensible. Cependant la science est arrivée par des procédés ingénieux à compenser ou à atténuer ces déformations, mais sans les supprimer complétement. Un autre inconvénient des cartes planes, c'est d'être réduites à ne pas tenir compte des mouvements de terrain, qu'on appelle collines, montagnes, etc., ou à les représenter par des signes convenus, tels que des hachures qui ne donnent pas toujours une idée exacte du véritable aspect du sol. (Voir la carte, page 17.)

Les cartes en relief. — Pour remédier à cette insuffisance, on a construit des cartes en relief qui reproduisent les accidents de terrain tels que nous les voyons dans la nature; mais, à moins qu'elles ne soient très-grandes et qu'elles ne reproduisent un très-petit espace, le relief est nécessairement exagéré; car, sur un globe artificiel de 4 mètres de tour, les plus hautes montagnes de la terre ne devraient être représentées, si on conservait les proportions réelles, que par un grain de poussière épais d'un demi-millimètre et à peu près invisible.

(1) En latin, *mappa*.

II

Echelle des globes et des cartes. — Avant de commencer la construction d'un globe ou d'une carte, il faut en fixer *l'échelle*, c'est-à-dire le rapport entre les longueurs mesurées sur le terrain et ces mêmes longueurs reportées sur la carte.

Plan à l'échelle du dix millième. — (1 centimètre pour 100 mètres.) (1)

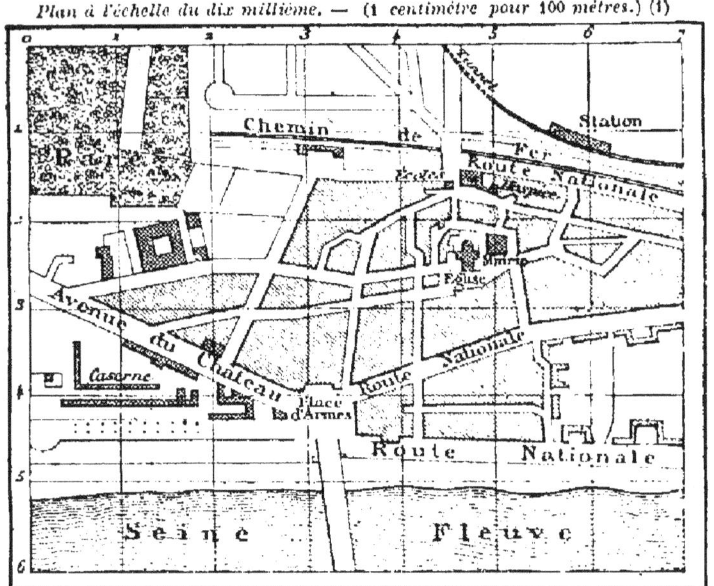

Carte à l'échelle du quarante millième. (2 millimètres et demi pour 100 mètres.)

Carte à l'échelle du deux cent quatre-vingt millième. (3 dixièmes et demi de millimètre pour 100 mètres.)

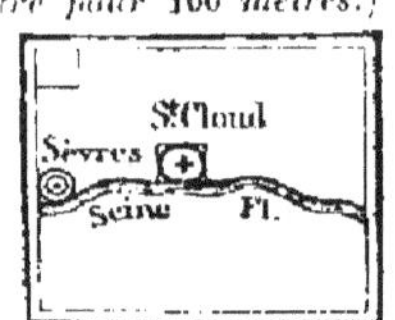

Fig. II.

(1) Ce plan est celui de la petite ville de Saint-Cloud (département de Seine-et-Oise) telle qu'elle existait avant d'avoir été brûlée par les Prussiens du 5ᵐᵉ corps, du 26 au 30 janvier 1871.

Ainsi on dira qu'une carte est à l'échelle du dix-millième quand une longueur de 100 mètres, prise sur le terrain, est représentée sur la carte par une longueur d'un centimètre ;

à l'échelle du quarante-millième, une longueur de 100 mètres sera représentée par 2 millimètres 1/2, etc. (1). (Voir le plan, page 5.)

Canevas de la carte. — Une autre opération non moins nécessaire, surtout quand il s'agit de grandes surfaces, c'est de dresser à l'avance une sorte de canevas, tel qu'il est indiqué dans la figure II : on pourra le tracer en divisant le terrain au moyen de perches ou de jalons plantés de distance en distance, de manière à dessiner des lignes droites qui se coupent comme les cases d'un damier et qu'on reproduira sur la carte à une échelle réduite. On obtiendra ainsi des points de repère au moyen desquels on groupera plus facilement dans leur véritable situation les édifices, les rues ou les terrains dont on voudra lever le plan.

Voilà pourquoi les géographes ont imaginé ces lignes que nous voyons tracées sur toutes les cartes et qui n'existent pas dans la nature, mais qui servent pour ainsi dire de jalons, et qui permettent de mesurer rapidement les distances et de se rendre compte de la situation des divers points de la surface du globe, les uns par rapport aux autres. Du reste les points par où passent ces lignes ne sont pas choisis au hasard, et la géographie s'est adressée, pour les déterminer, à une autre science, l'astronomie, qui s'occupe du mouvement des astres, c'est-à-dire du soleil, de la lune, de la terre et des autres corps lumineux que nous voyons dans le ciel, et qui sont des globes comme la terre.

Mouvements de la Terre. Les jours et les saisons. — Bien que nous n'ayons pas conscience de ses mouvements parce qu'ils sont toujours égaux, qu'ils ne rencontrent pas d'obstacles et qu'il n'y a dans la marche de la terre ni arrêts, ni cahots, ni ralentissement, notre globe n'est pas, comme les anciens se le figuraient, immobile au centre de l'univers. Suspendue dans l'espace, sans point d'appui, la terre tourne sur elle-même en 24 heures, et ce mouvement de *rotation* détermine les jours et les nuits, car le soleil ne peut éclairer à la fois qu'une des deux moitiés du globe (2).

(1) Pour faire comprendre aux enfants la construction d'une échelle, on les exercera à tracer au tableau le plan de la classe très-simplifié, ou mieux celui d'un jardin ou d'une cour, à diverses échelles, et on répétera devant eux le même exercice pour le plan de la maison ou même pour celui du quartier, si on a les éléments nécessaires.

(2) Un globe terrestre et une lampe ou un objet quelconque représentant le soleil suffisent pour faire comprendre le mouvement de rota-

En même temps qu'elle tourne sur elle-même, la terre se déplace dans le ciel et décrit en une année (un peu plus de 365 jours), autour du soleil, une immense ligne courbe, qu'on appelle *orbite terrestre*. Les différentes positions qu'elle occupe par rapport au soleil dans sa course annuelle autour de cet astre déterminent les *saisons* (1) : car le soleil nous envoie la chaleur en même temps que la lumière, et la température variera suivant

Fig. III. — La terre éclairée par le soleil.

qu'il brillera plus ou moins longtemps pour nous, et que ses rayons nous arriveront plus ou moins directement. La saison des longs jours sera en même temps celle des chaleurs.

Ce double mouvement de la terre est comparable à celui d'une toupie qui tourne sur elle-même en même temps qu'elle se déplace et trace sur le sol des courbes plus ou moins régulières.

III

Axe de la terre. Les deux pôles. — La rotation de la terre sur elle-même paraît s'opérer autour d'une ligne immobile et un peu inclinée par rapport à l'orbite terrestre (voir la figure IV). Cette ligne lui servirait pour ainsi dire de pivot et la traverserait de part en part en passant par son centre, comme l'essieu traverse la roue. On a donné à cette ligne imaginaire le nom d'*axe* de la terre, et à ses deux extrémités celui de *pôles*. L'un a été nommé pôle *arctique*, parce qu'en prolongeant dans l'espace l'axe de la terre, il irait rencontrer la

tion et la succession des jours et des nuits ; à défaut de globe terrestre, on pourra se servir d'une boule percée de part en part et mobile autour d'un axe, sur laquelle on fixera par un moyen quelconque une petite figure représentant un homme : les diverses positions de cette figure par rapport au point fixe représentant le soleil feront comprendre le mouvement vrai de la terre et les mouvements apparents du soleil.

(1) Dans la partie de la terre que nous habitons, il y a quatre saisons, chacune de trois mois : l'*hiver*, qui commence vers le 21 décembre, le *printemps*, vers le 21 mars, l'*été*, vers le 21 juin, et l'*automne*, vers le 21 septembre.

voûte céleste (1) non loin d'une étoile toujours visible dans nos contrées, qui a reçu le nom d'étoile polaire, et qui fait par-

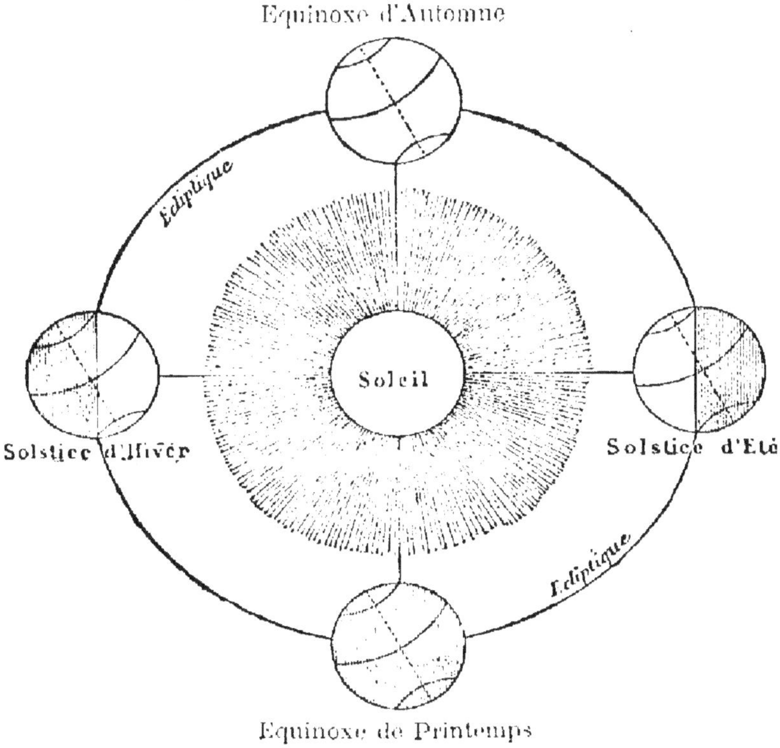

Fig. IV. — Orbite terrestre. — (On n'a pas observé dans cette figure les proportions réelles de la distance de la terre au soleil, ni celles de la grosseur du soleil qui est 1,280,000 fois plus gros que la terre).

tie d'une constellation (groupe d'étoiles) appelée, par les anciens Grecs, *arctos* (petite Ourse). On l'appelle aussi pôle *boréal* (2) ou pôle *nord*. Le pôle opposé porte le nom de pôle *antarctique*, pôle *austral* (3) ou pôle *sud*. (*Voir la figure 5.*)

Points cardinaux. — Le point de l'horizon (4) qui

(1) Cette expression usuelle est inexacte. Les anciens se représentaient le ciel comme une immense boule creuse au centre de laquelle était suspendue la terre immobile. La science moderne a rectifié ces notions fausses ; le ciel n'est pas plus une voûte que la terre n'est le centre de l'univers.

(2) Les anciens donnaient au vent du nord le nom de Borée.

(3) Le vent du sud s'appelait autrefois Auster.

(4) On appelle horizon d'un lieu le grand cercle qui semble former la

correspond au pôle arctique s'appelle le *nord* ou *septentrion*;
celui qui correspond au pôle opposé, le *sud* ou *midi*. Quand vous tournez le dos au pôle sud et que vous regardez le pôle nord, le côté où les astres paraissent (1) se lever est à votre droite, celui où ils paraissent se coucher à votre gauche : ces deux derniers points ont reçu le nom d'*est* ou *orient* (levant), et d'*ouest* ou *occident* (couchant). Tels sont les quatre points *cardinaux* ou fondamentaux, ainsi

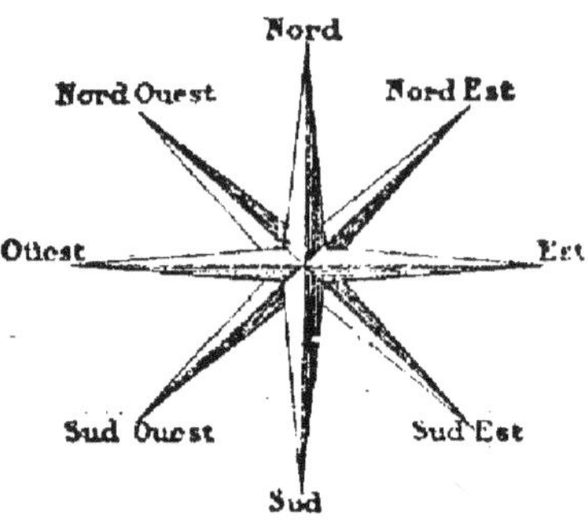

Fig. V. — Points cardinaux.

nommés parce qu'ils servent de base pour déterminer la situation de toutes les parties de la surface terrestre.

Dans les cartes, le nord est ordinairement placé en haut, le sud en bas, l'est à droite et l'ouest à gauche, en regardant le nord.

Entre les points cardinaux on peut en imaginer d'autres intermédiaires, tels que le sud-ouest, entre le sud et l'ouest; le sud-est, entre le sud et l'est; le nord-est, le nord-ouest.

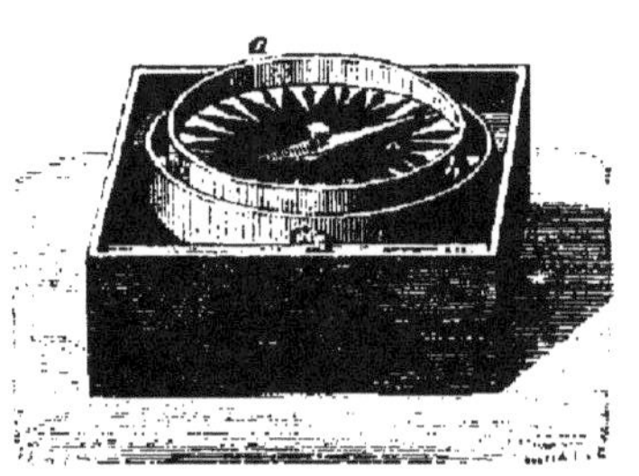

Fig. VI. — Boussole marine.

Orientation. La boussole. — Pour déterminer les

ligne de séparation entre le ciel et la terre et qui borne notre vue, en supposant qu'elle ne rencontre pas d'obstacles, quand nous nous tournons successivement vers les quatre points cardinaux.

(1) Les apparences sont en effet contraires à la réalité : il semble que le soleil et les étoiles tournent en 24 heures d'orient en occident autour de la terre immobile au centre de l'univers. Cette illusion est due au mouvement de rotation de la terre sur elle-même, mouvement qui s'opère d'occident en orient, c'est-à-dire dans le sens opposé à celui de la marche apparente des astres. A l'exception des corps célestes que l'on appelle planètes, et qui se déplacent comme la terre, les étoiles et le soleil occupent toujours le même point du ciel et ne se lèvent ni ne se couchent. On s'expliquera aisément cette apparence si on songe que le voyageur emporté par un bateau à vapeur sur une rivière tranquille, en ne consultant que ses yeux, se croirait immobile et s'imaginerait que les arbres et les maisons qui bordent la rivière s'enfuient dans le sens opposé à la marche du bateau.

points cardinaux, ce qu'on appelle aussi *s'orienter* (1), on peut se diriger, si le ciel est pur, pendant le jour, d'après les points où le soleil se lève et se couche, pendant la nuit d'après l'étoile polaire; si le ciel est couvert, on aura recours à la *boussole*, aiguille aimantée suspendue sur un pivot et qui dirige toujours une de ses pointes vers le nord, avec une inclinaison plus ou moins prononcée vers l'est ou vers l'ouest (2).

IV

Les Méridiens. — Les pôles une fois déterminés, on peut tracer sur la surface du globe une infinité de grands cercles égaux qui en feraient le tour, et passeraient tous par les deux pôles, où ils viendraient se couper. Les côtes d'un melon ou celles d'une orange peuvent donner une idée de cette disposition.

On a donné à ces grands cercles le nom de *méridiens*, c'est-à-dire lignes de *midi*. En effet, grâce à la rotation de la terre qui en 24 heures présente successivement aux rayons du soleil toutes les parties de sa surface, il est au même instant midi ou minuit, une heure de l'après-midi ou une heure du matin, etc..., pour tous les points situés sur un même cercle, midi pour ceux qui appartiennent à la moitié qu'éclaire le soleil, minuit pour celle qui est plongée dans l'ombre. C'est donc en observant le mouvement de rotation de la terre sur elle-même qu'on a déterminé la situation des pôles, celle des points cardinaux et le tracé des méridiens.

L'équateur. Les équinoxes. — C'est par des observations analogues faites sur le mouvement de la terre autour du soleil qu'on a été conduit à tracer d'autres lignes qui viennent couper les premières et qui complètent le canevas de la carte du globe. La plus importante de ces lignes se nomme l'*équateur*. On a remarqué que deux fois par an, au moment où le soleil paraît passer dans le ciel à distance égale des deux pôles, la durée des jours est la même que celle des nuits dans toutes les parties de la terre. On a donné à ces

(1) Ce mot signifie trouver le point où est l'orient. En effet, dès qu'on a déterminé un des points cardinaux, on sait où sont les trois autres.

(2) Pour habituer les enfants à s'orienter, on devra leur faire déterminer des directions qui leur sont familières, par exemple celle de la rue où est situé le lycée ou le collège, du chemin de fer ou de la grande route qui traverse le pays, l'exposition des diverses façades de la maison, etc.

deux points le nom d'*équinoxes* (nuits égales), et par les points qui correspondent sur la surface du globe à ceux que le soleil

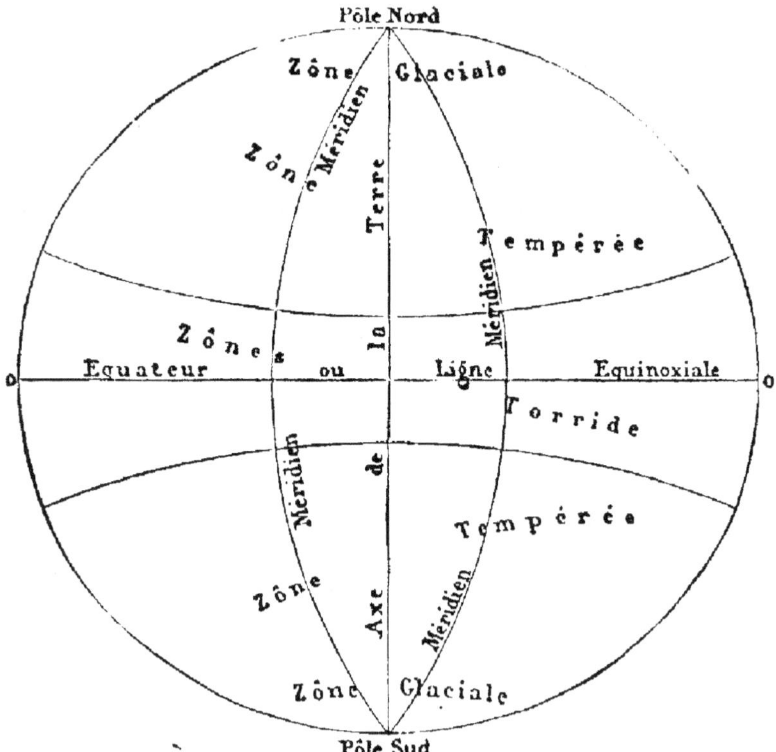

Fig. VII. — La sphère terrestre.

occupe dans le ciel à cette époque de l'année, on a fait passer un grand cercle appelé *ligne équinoxiale* ou *équateur* (d'un mot latin qui signifie égaliser). Ce grand cercle, situé à distance égale des deux pôles, coupe la terre par la moitié et la divise en deux *hémisphères* ou moitiés de sphères, l'une au sud, l'autre au nord de l'équateur.

Zones terrestres. — Les parties du globe voisines des deux pôles, qui pendant plusieurs mois ne reçoivent pas ou reçoivent à peine la lumière et la chaleur du soleil, sont froides, stériles, couvertes de neige ou de glace : on les appelle *zones glaciales*. Les contrées voisines de l'*équateur*, sur lesquelles tombent presque à plomb les rayons du soleil et où la durée des jours égale celle des nuits, sont au contraire brûlées par la chaleur. On les a nommées *zone torride* ou **brûlante**. Enfin les pays compris dans chaque hémisphère entre la zone torride et les zones glaciales n'ont jamais le soleil à plomb, mais reçoivent ses rayons dans une direction moins oblique que les régions polaires : on leur a donné le nom de *zones tempérées*. Le mot *zone* signifie *bande* : les cinq zones tracent, en effet, sur la surface du globe cinq bandes qui l'enveloppent et qui en font le tour dans le même sens que l'équateur.

RÉSUMÉ.

PREMIÈRE LEÇON.

1. La *Géographie* est la description de la terre.

Les *globes* et les *cartes* sont indispensables à l'étude de la géographie.

Les globes seuls donnent une idée exacte de la figure de la terre, qui a la forme d'une boule ou d'une *sphère*, mesurant 40,000 kilomètres de tour.

Les cartes planes, au contraire, en altèrent plus ou moins la forme et les proportions réelles.

DEUXIÈME LEÇON.

Pour construire une carte, il est nécessaire de déterminer d'abord un certain nombre de points fixes et de dresser une sorte de canevas.

Tel est l'usage des lignes que nous avons tracées sur les cartes et sur les globes : les mouvements de la terre ont servi de points de départ pour déterminer le tracé de ces lignes.

La terre tourne sur elle-même en 24 heures (mouvement d'où proviennent les *jours* et les *nuits*), et décrit en même temps autour du soleil, en 365 jours (une année), une immense ligne courbe qu'on appelle *orbite* terrestre (mouvement qui détermine les *saisons*).

TROISIÈME LEÇON.

On a appelé *axe* du globe, la ligne imaginaire autour de laquelle semble s'opérer le mouvement de la terre sur elle-même, et *pôles* de la terre (pôle Nord ou *arctique*, et pôle Sud ou *antarctique*), les deux extrémités de cette ligne.

Les *quatre points cardinaux* sont : le *Nord* et le *Sud*, qui correspondent aux deux pôles ; l'*Est* ou *Orient* (côté où les astres se lèvent), à droite en regardant le nord ; et l'*Ouest* ou *Occident* (côté où les astres se couchent), à gauche en regardant le nord. Sur les cartes, le nord est placé en haut, le sud en bas, l'est à droite et l'ouest à gauche.

QUATRIÈME LEÇON

On donne le nom de *méridien* à tout grand cercle qui fait le tour du globe, en passant par les deux pôles.

L'*équateur* est un grand cercle qui divise la terre en deux *hémisphères* ou moitiés de sphères, en coupant tous les méridiens à distance égale des deux pôles, et en passant par les deux points qui correspondent sur la surface du globe à ceux que le soleil occupe dans le ciel au moment des *équinoxes*.

On peut diviser la terre en cinq *zones* ou bandes : une *zone torride*, dans le voisinage de l'équateur ; deux *zones glaciales* dans le voisinage des pôles et deux *zones tempérées*, entre la *zone torride* et les *zones glaciales*.

Questionnaire.

I. Qu'est-ce que la géographie ? — Quelle est l'utilité des cartes et des globes ? — Quelle est la forme de la terre ? — Indiquer en mètres et en kilomètres la mesure du tour de la terre. — Comment peut-on prouver que la terre est ronde ? — Qu'est-ce qu'un plan ? — Qu'est-ce qu'une carte ? — Qu'est-ce qu'un planisphère ou une mappemonde ? — Les cartes planes peuvent-elles reproduire exactement la figure de la terre ? — Expliquer par des exemples pourquoi une carte plane ne peut être exacte. — Quelle est l'utilité des cartes en relief ?

II. Qu'est-ce que l'échelle d'une carte ? — Donner des exemples. — Comment construit-on un plan ou une carte ? — A quoi servent les lignes tracées sur les cartes et sur les globes ? — Ces lignes existent-elles dans la nature ? — Qu'entend-on par mouvement de rotation de la terre ? — En combien de temps la terre tourne-t-elle sur elle-même ? — En combien de temps tourne-t-elle autour du soleil ? — Quelle est la cause des jours et des nuits ? — Celle des saisons ?

III. Qu'est-ce que l'axe et les pôles de la terre ? — Quels noms donne-t-on aux deux pôles ? — Que signifie le mot *arctique* ? — Quels sont les points cardinaux ? — Les indiquer sur une carte et sur un globe. — De quel côté est l'ouest pour une personne tournée vers le nord ? — A quoi sert la boussole ?

IV. Qu'est-ce qu'un méridien ? — Que signifie ce mot ? — Quand il est midi à Paris, quelle heure est-il dans les villes situées sur le même méridien ? — Qu'est-ce que l'équateur ? — Qu'est-ce que les équinoxes ? — Qu'entend-on par hémisphère ? — En combien de grandes zones divise-t-on le globe ? — La zone torride est-elle située **au sud ou** au nord par rapport au pays que nous habitons? (1)

Exercices.

Reproduire, sur le papier ou mieux sur le tableau noir et à main levée, les figures I et VII du livre, et en donner en même temps l'explication.

Indiquer sur un globe terrestre les pôles, l'équateur et le tracé de deux ou trois méridiens (celui de Paris et celui du lieu où on se trouve).

A défaut de globe terrestre, tracer avec la pointe d'un couteau ou d'une grosse épingle, sur l'écorce d'une orange ou sur une pomme aussi ronde que possible, les cercles et les points énumérés ci-dessus.

Reproduire à une échelle réduite le plan de la classe, de la maison, ou la carte du canton tracés au tableau noir.

CHAPITRE II ([2])

TEXTE ET RÉSUMÉ ([3])

NOTIONS GÉNÉRALES DE GÉOGRAPHIE PHYSIQUE ET POLITIQUE.

PREMIÈRE LEÇON.

On appelle géographie *physique* (*naturelle*), celle qui se borne à décrire la terre telle que Dieu l'a faite, et sans se préoccuper des œuvres de l'homme.

La géographie *politique* se propose, au contraire, d'énu-

(1) Nous ne donnons ce questionnaire et les exercices qui suivent que comme un exemple. On peut et on doit varier à l'infini les interrogations et les exercices en ayant soin de donner toujours aux unes et aux autres une forme simple et pratique et de partir de ce que l'enfant connaît pour arriver peu à peu à ce qu'il ignore.

(2) Chaque définition de ce chapitre doit être éclaircie par la démonstration au tableau noir toutes les fois qu'elle est possible, par la démonstration sur le globe ou sur les cartes en relief; par l'explication des signes qu'on emploie dans les cartes pour représenter les principaux accidents de la géographie physique, rivières, montagnes, etc., enfin par des exemples choisis dans les localités familières à l'enfant et parmi les objets qu'il connaît. Nous ajouterons que nous avons groupé les définitions dans un seul chapitre pour la commodité du maître et de l'élève, mais que nous croyons impossible de les faire apprendre de suite et réciter comme une leçon ordinaire. Il faut les expliquer à l'enfant à mesure que l'occasion se présente, y revenir souvent et surtout les rendre sensibles, et les lui faire retenir par la vue, bien plus que par les mots.

(3) Le chapitre presque entier se composant de définitions qu'il eût été difficile d'abréger, nous avons cru inutile d'y ajouter un résumé qui ne serait que la répétition du texte, et nous avons rejeté en notes tout ce qui n'est pas indispensable. Le texte peut donc servir de résumé.

mérer et de décrire les œuvres de la volonté et de l'intelligence humaines, les villes que l'homme a bâties, les États qu'il a fondés, les divisions qu'il a établies.

Géographie physique.

Divisions générales. Les mers. — La superficie du globe est occupée par les *terres* et par l'*Océan* ou les *mers*.

L'*Océan* est un immense dépôt d'eaux salées qui s'est formé dans les parties les plus creuses de la surface terrestre et qui en couvre les trois quarts (3,830,000 myriamètres carrés, sur 5,100,000 myriamètres carrés).

Une *mer* est une division de l'Océan : on appelle quelquefois mers de grands lacs salés : un *golfe*, une *baie*, une *anse* ou une *rade* est une étendue d'eau plus ou moins considérable qui s'avance dans les terres.

Un *courant maritime* est un mouvement qui se produit dans les eaux de la mer et qui les entraîne dans une certaine direction. Il y a des courants chauds et des courants froids.

La *marée* est le gonflement et l'abaissement, ou le *flux* et le *reflux* des eaux de la mer qui montent deux fois et qui descendent deux fois par jour.

Les plus grandes profondeurs connues des mers ne dépassent pas 8,000 ou 9,000 mètres, c'est-à-dire la hauteur des plus grandes montagnes du globe.

DEUXIÈME LEÇON.

Les terres. Relief du sol. — Les terres sont des *continents* ou des *îles*.

Un *continent* est une terre d'une très-grande étendue ; une *île* une terre plus petite entourée d'eau de toutes parts ; un groupe d'îles se nomme *archipel*.

On entend par *relief du sol* les hauteurs diverses que présente la surface des terres et que l'on mesure en les rapportant à un niveau commun, celui de la mer, qui est le même dans toutes les parties du globe.

Une *montagne* est une masse de terre et de rochers d'une grande élévation et qui occupe un espace considérable ; les plus hautes ne dépassent pas 9,000 mètres au-dessus du niveau de la mer ; celles qui sont peu élevées se nomment *collines*.

Une *chaîne* de montagnes est une suite de montagnes qui se touchent au moins par leur base. La partie la plus élevée d'une montagne ou d'une chaîne se nomme le *sommet* ou la *crête*.

Au-dessus du massif de la chaîne, se dressent des sommets isolés, qui reçoivent, suivant leur forme, les noms de *pics* ou *d'aiguilles*, s'ils finissent en pointe ; de *ballons* ou de *dômes*, s'ils présentent une forme arrondie ; de *dents*, s'ils se terminent par une arête étroite et escarpée.

Un *volcan* est une montagne creusée au sommet en forme d'entonnoir ou de *cratère*, et qui vomit de la fumée et des matières en fusion nommées *laves*.

Fig. VIII. — Volcan en éruption.

Un *col* ou *défilé* est un passage étroit entre deux montagnes.

Une *vallée* est un espace assez large, plus ou moins uni, qui s'ouvre entre des montagnes ou des collines.

Une *plaine* est un espace plat ou peu accidenté : un *plateau* est une plaine élevée au-dessus des terres environnantes.

Un *désert* est une terre stérile, inhabitée et ordinairement sans eau et couverte de sables : une *oasis* est un espace cultivé et habité au milieu d'un désert : un *steppe* est une plaine ou un plateau couvert de végétation, mais inculte et sans arbres.

Les rivages. — La *côte* ou le *littoral* est la partie d'un continent ou d'une île baignée par la mer : un *cap*, une *pointe* ou un *promontoire* est une saillie de la côte qui s'avance

Plateau
Chaîne de Montagnes
Fleuve
Montagne
Désert
Notions générales
de
GÉOGRAPHIE PHYSIQUE

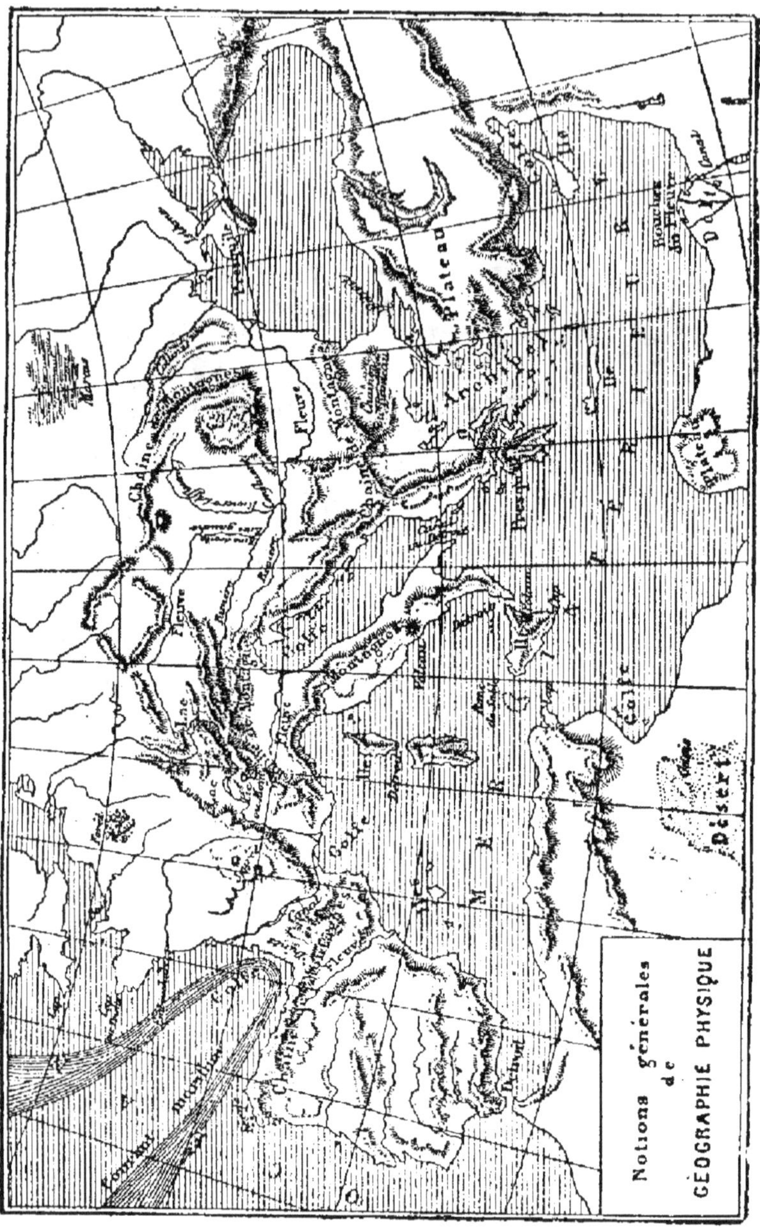

Carte I.

dans la mer : une *presqu'île* ou *péninsule* est une masse de terre entourée d'eau de tous les côtés, sauf un seul : un *isthme* est une langue de terre qui réunit une presqu'île au continent.

TROISIÈME LEÇON.

Les eaux douces. — Un *lac* est un amas d'eau douce ou quelquefois salée, sans courant et entourée de terre de tous côtés : un lac très-petit s'appelle un *étang*, et s'il est très-peu profond, un *marécage*.

Un *fleuve* (1) est une eau courante qui coule sur une pente plus ou moins rapide, et qui se jette dans la mer ou dans un grand lac, après un cours d'une certaine étendue : une *rivière* est une eau courante qui se jette dans un autre cours d'eau, ou même dans la mer, mais qui, dans ce cas, est d'une longueur médiocre : les petits cours d'eau sont des *ruisseaux* ou des *torrents*. On appelle *ruisseaux* ceux qui coulent dans une plaine ou dans une vallée où la pente est modérée ; *torrents* ceux qui coulent du haut des montagnes sur une pente très-rapide.

La *source* d'un cours d'eau est l'endroit où il sort de terre (2) ; son *embouchure* l'endroit où il se jette dans la mer ; le *confluent* de deux cours d'eau est l'endroit où ils se réunissent : la *rive droite* d'un fleuve ou d'une rivière est celle qui se trouve à la droite d'une personne qui descend le courant ; la *rive gauche*, celle qui se trouve à sa gauche.

Un *versant* est une pente ainsi nommée parce qu'elle verse dans une même direction toutes les eaux qui l'arrosent.

Le *bassin* d'une mer est l'ensemble des versants où coulent tous les cours d'eau qu'elle reçoit ; celui d'un fleuve l'ensemble des versants arrosés par ce fleuve et ses affluents.

La *ligne de partage des eaux* ou *ligne de faite*, est l'arête, la crête, ou le sommet de deux versants opposés.

(1) Les fleuves et les rivières ont un courant parce que leur lit, c'est à-dire l'espèce de rigole dans laquelle ils sont encaissés, suit une pente qui descend toujours depuis la source jusqu'à l'embouchure.

2. De la surface des mers s'élève continuellement de la vapeur d'eau que les vents emportent, qui se condense en nuages, puis qui retombe en neiges et en pluies. Les neiges s'accumulent sur les montagnes, les pluies s'infiltrent à travers le sol et s'amassent dans des cavités souterraines. Telle est l'origine des fleuves et des rivières, qui reportent à la mer l'eau qu'ils en ont reçue.

QUATRIÈME LEÇON.

L'atmosphère. — L'*atmosphère* est la couche d'air épaisse de 50 à 70 kilomètres qui enveloppe le globe : les mouvements de l'atmosphère produisent les *vents* et les *tempêtes ;* les vapeurs d'eau qui s'y amassent produisent les *nuages,* le *brouillard,* les *pluies,* la *grêle,* la *neige.* La température décroissant à mesure qu'on s'élève dans l'atmosphère, les neiges ne fondent plus au-dessus de 2,700 ou 2,800 mètres dans nos contrées, et forment des *glaciers* en s'accumulant sur les pentes et dans les vallées des hautes montagnes. Les différences de température et de variations atmosphériques constituent les *climats*.

Les climats. — Le climat varie avec l'élévation du terrain au-dessus du niveau de la mer, la nature du sol ou même des cultures, et surtout avec la situation du pays par rapport à l'équateur. La température décroît de l'équateur aux pôles, mais les îles ou les pays baignés par la mer ont presque toujours un climat plus doux et moins variable que ceux qui sont situés dans l'intérieur des continents.

Les végétaux et les animaux. — Peu de végétaux ou d'animaux vivent sous tous les climats : l'homme seul est répandu sur toute la surface du globe.

Les plantes de la zone torride, le café, le cacao, s'étiolent même dans nos serres chaudes ; le froment ne réussit que dans les zones tempérées ; le sapin et le bouleau s'élèvent au contraire sur le flanc des montagnes jusqu'à la limite des neiges éternelles, et résistent aux hivers des zones glaciales ; le lion, le tigre,

Fig. IX. — Café. Branche et fruits du Caféier. (Le fruit est de la grosseur d'une merise. L'arbre a 4 à 5 mètres de hauteur).

la girafe, l'autruche, l'éléphant, animaux des pays

chauds, ne pourraient vivre à l'état de liberté dans les contrées septentrionales, tandis que le renne et l'ours blanc,

Fig. X. — Le renne. (Hauteur de la figure : 4 centimètres; hauteur réelle de l'animal : 1 mètre).

originaires des régions polaires, languissent ou meurent dans un climat tempéré.

<h3 style="text-align:center">CINQUIÈME LEÇON.</h3>

Divisions générales des terres. — Les terres n'occupent qu'environ un quart de la superficie du globe.

On distingue deux grands continents : l'*ancien*, qui comprend trois parties, l'*Europe*, l'*Asie* et l'*Afrique* ; le *nouveau*, ainsi appelé parce qu'il n'a été connu des Européens qu'il y a environ 400 ans, et qui en comprend une seule, l'*Amérique* (1).

Une cinquième partie du monde, l'*Océanie*, est composée du continent de l'*Australie* et de nombreux groupes d'îles disséminés entre l'Amérique et l'Asie.

Les races humaines (2). — Les principales races

1. L'Amérique a reçu le nom d'un des premiers voyageurs qui l'aient explorée, Améric Vespuce : mais le premier qui y ait abordé au xvᵉ siècle (1492, est Christophe Colomb.

2 La race *blanche* est supérieure à toutes les autres par son aptitude à la civilisation. Elle a peuplé l'Europe, domine en Amérique, dans le nord de l'Afrique, dans le sud et dans l'ouest de l'Asie, et compte de nombreux représentants dans toutes les parties du globe, où son activité

humaines sont : la *race blanche* (Europe, Asie occidentale et méridionale, Afrique septentrionale et pays peuplés par les Européens en Amérique et en Océanie) ; la *race jaune* (Asie orientale et septentrionale) ; la *race noire* (Afrique et Océanie).

La population du globe est évaluée à 1,400 ou 1,450 millions d'habitants.

Divisions générales des mers. — On divise l'Océan en cinq parties :

1° L'*océan Atlantique* (1), entre l'Europe et l'Afrique à l'est, et l'Amérique à l'ouest ;

2° L'*océan Pacifique* ou *Grand Océan,* entre l'Amérique à l'est, et l'Asie à l'ouest ;

3° L'*océan Indien* (2), entre l'Océanie à l'est, l'Asie au nord et l'Afrique à l'ouest ;

4° L'*océan Glacial* (3) *Arctique,* dans la région voisine du pôle Nord ;

5° L'*océan Glacial Antarctique,* dans la région voisine du pôle Sud. (Voir le planisphère, p. 22.)

l'a disséminée. On la reconnait à la couleur blanche de sa peau, au profil droit, à la coupe ovale du visage, à la chevelure longue et soyeuse variant du roux au noir.

La race *jaune* domine dans l'Asie septentrionale et orientale et dans la zone glaciale arctique ; ses caractères distinctifs sont la couleur jaune de la peau, la largeur de la face et les pommettes saillantes, les yeux fendus obliquement, les cheveux lisses, mais rudes, et presque toujours noirs, la bouche large et les lèvres proéminentes.

La race *noire* occupe la partie centrale et méridionale de l'Afrique, une portion de l'Océanie, et s'est multipliée en Amérique, où les Européens l'ont transplantée. Elle se distingue par la coloration noire de la peau, l'épaisseur et la saillie des lèvres, l'épatement du nez, la chevelure noire et crépue ressemblant à de la laine, et l'infériorité de sa civilisation.

Entre ces trois types principaux se glissent, sans compter une foule de variétés produites par le mélange des races, un certain nombre de types intermédiaires sur lesquels la science n'est pas encore complétement fixée : les *Peaux-Rouges* d'Amérique, à la peau bistrée, variant de la couleur du chocolat à celle du cuivre rouge, aux cheveux noirs, longs et rudes, aux pommettes saillantes et aux yeux légèrement obliques comme ceux des peuples de race jaune et qui paraissent se rattacher à cette dernière race ; les *Malais,* qui se rapprochent du nègre par la couleur brune de la peau et la largeur des narines, mais qui ont d'autres caractères communs avec les peuples de race jaune, etc.....

(1) L'océan Atlantique a été ainsi nommé d'une chaîne de montagnes de l'Afrique, le mont Atlas.

(2) L'océan Indien doit son nom aux Indes, vaste contrée située au sud de l'Asie.

(3) On appelle ces mers glaciales parce qu'elles sont en partie couvertes de glaces fixes ou flottantes.

PLANISPHÈRE
Grandes Divisions
des Mers et des Terres
(Races principales, Zônes)
OCÉAN GLACIAL ARCTIQUE
EUROPE
AFRIQUE
ASIE
AUSTRALIE
OCÉAN INDIEN
OCÉAN ATLANTIQUE
OCÉAN PACIFIQUE
OCÉANIE
AMÉRIQUE
OCÉAN GLACIAL ANTARCTIQUE
Équateur
Tropique du Cancer
Tropique du Capricorne
Cercle Polaire
Cercle Polaire Antarctique
Race Blanche
Race Jaune
Races Mixtes
Race Noire
Régions inhabitées

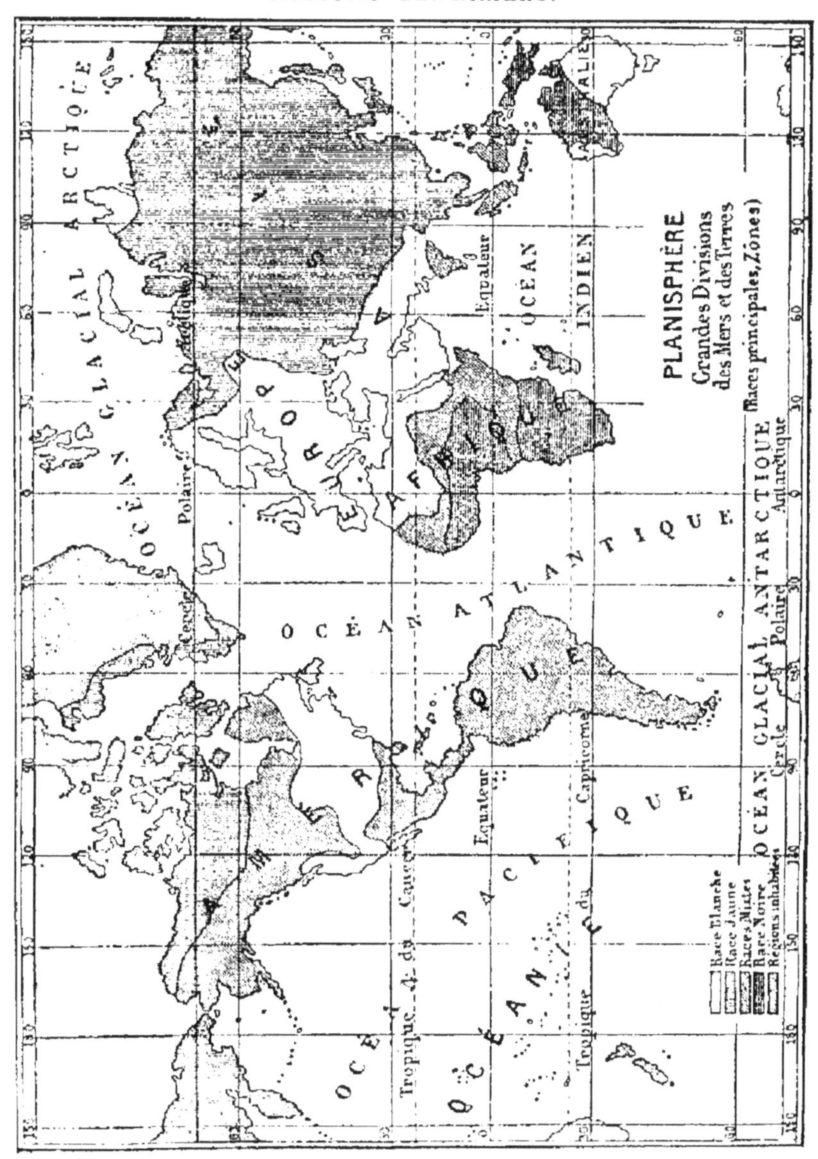

Carte II.

SIXIÈME LEÇON.

Géographie politique.

La géographie politique a pour but de faire connaître :
1° les différents groupes d'hommes qui portent, lorsqu'ils
sont peu civilisés, souvent même *nomades*, c'est-à-dire *errants*
et sans demeures fixes, le nom de *peuplades* ou de *tribus* :
lorsqu'ils jouissent d'une civilisation plus avancée, qu'ils
vivent sur un territoire déterminé, et qu'ils sont rapprochés
par la communauté d'origine, de langue, et surtout de
mœurs, d'intérêts et d'institutions, le nom de *peuples* ou de
nations ; 2° les divisions créées sur la surface du globe par
la volonté de l'homme, et qui portent le nom d'*États* (espaces
déterminés où vivent sous un gouvernement commun des
hommes civilisés), de *provinces, cercles, départements,* etc...
(subdivisions d'un État) ; 3° les groupes d'habitations
construites par l'homme et qu'on appelle, suivant leur importance, *villes, bourgs, villages.* La ville où réside le gouvernement d'un État et qui en est ordinairement la plus importante, se nomme la *capitale ;* la ville où réside la principale
autorité d'un département, d'un cercle, etc., s'appelle le
chef-lieu.
4° La géographie politique comporte, en outre, des notions
sur les gouvernements, les langues, les mœurs et les religions des divers groupes d'hommes.
Toutes les religions peuvent se ramener à deux grandes
classes, celles qui admettent un seul Dieu et celles qui en
admettent plusieurs.
Les religions qui n'admettent qu'un seul Dieu sont :
1° Le CHRISTIANISME, qui se subdivise en *catholicisme.* —
Église grecque schismatique, ainsi nommée parce qu'elle s'est
séparée du catholicisme et ne reconnaît pas l'autorité du pape,
— et *protestantisme,* fondé au xvi° siècle après Jésus-Christ
par *Luther* et *Calvin.*
L'Europe et l'Amérique presque tout entières sont chré-
tiennes.
2° Le JUDAÏSME, encore professé par les Juifs répandus dans
toutes les parties du monde.
3° Le MAHOMÉTISME, ainsi nommé de son fondateur, Mahomet, et dominant dans l'Asie occidentale et centrale et
l'Afrique septentrionale.

Les religions qui admettent plusieurs dieux sont :

1° Le FÉTICHISME, la plus grossière de toutes les religions, qui consiste dans l'adoration de toutes sortes de choses animées ou inanimées, utiles ou nuisibles, et douées aux yeux de leurs adorateurs d'une puissance mystérieuse. Ces divinités se nomment des *fétiches*. La plupart des populations nègres de l'Afrique et des peuplades de l'Océanie sont fétichistes.

2° Le BRAHMANISME, qui doit son nom à son principal dieu, *Brahma*, et qui est pratiqué dans l'Asie méridionale.

3° Le BOUDDHISME, dominant dans l'Asie orientale et ainsi nommé parce que ses sectateurs attribuent l'origine de leur religion à un être divin, qu'ils appellent *Bouddha*.

La géographie *agricole, industrielle et commerciale*, qui se rattache à la fois à la géographie physique et à la géographie politique, a pour but de faire connaître les produits de l'*agriculture* et de l'*industrie*, d'indiquer la nature des échanges qui constituent le *commerce*, et de décrire les voies de communication, *routes, chemins de fer, lignes de navigation, canaux* (1), *lignes télégraphiques*.

Fig. XI. — Canal et écluse.

(1) Un canal est une sorte de rivière artificielle qui fait communiquer deux cours d'eau ou deux mers soit par une simple tranchée, soit par des écluses qui forment comme les marches d'un escalier et permettent aux bateaux de s'élever et de redescendre sur la pente des collines trop hautes pour être franchies à ciel ouvert et trop étendues pour être percées par un souterrain.

Signes qui représentent dans les cartes les principaux termes de la géographie politique.

-+-+-+-+-+-+-+-+-) Frontière d'un État, d'une
. . . .) province, etc.

◉   ◉   Capitale ou chef-lieu.
○   □   Ville, village.

Questionnaire.

Extraire du texte les mots écrits en CARACTÈRES GRAS ou en *italiques*, en les faisant précéder d'une formule interrogative. Poser en outre les questions suivantes :

Tous les végétaux et tous les animaux vivent-ils également dans toutes les parties du globe ? — Donner des exemples. — Quelle est la cause de leur inégale distribution ? — Qu'entend-on par climats ? — Quelles sont les causes des différences de climats ? — Quelle est la différence des climats continentaux et des climats maritimes ? — Quelle est dans nos pays la limite des neiges perpétuelles ? — Qu'est-ce qu'un glacier ?

GÉOGRAPHIE POLITIQUE. — Quelle différence y a-t-il entre les divisions physiques et les divisions politiques ? — Qu'est-ce qu'une tribu ou une peuplade ? — Qu'entend-on par *nomade* ? — Qu'est-ce qu'un État ? — Qu'est-ce qu'une province ? — Quelle différence existe-t-il entre une ville, un bourg et un village ? — Citer une ville, un bourg et un village du département. — Qu'entend-on par capitale ? par chef-lieu ? — Quelles sont les principales religions ? — Quelles sont les voies de communication naturelles ? — Qu'est-ce qu'un canal ?

Exercices.

Expliquer par des dessins à main levée les principaux termes de la géographie physique. (Ex. une île, un détroit, etc...)

Montrer sur un globe ou sur un planisphère les cinq parties du monde et les cinq grandes divisions des mers.

Montrer sur une carte plane une chaîne de montagnes, une île, un détroit, un fleuve, une rivière, un isthme.

Montrer sur la carte du département ou de la France une vallée, un défilé, un plateau, une plaine, la source d'une rivière.

Construire avec de la terre glaise un relief expliquant ce que c'est qu'une montagne, un plateau, une vallée, un pic, etc.

LIVRE II

ANCIEN CONTINENT. — EUROPE.

INTRODUCTION.

Grandes divisions de l'Europe. — La partie du monde que nous habitons, l'Europe, peut se diviser en cinq régions qui renferment 19 Etats ou groupes d'Etats.

1° La région de l'OUEST et du NORD-OUEST comprend quatre Etats : la *France*, capitale *Paris* ; le *Royaume-Uni de Grande-Bretagne et d'Irlande* ou *Iles Britanniques*, capitale *Londres* ; la *Belgique*, capitale *Bruxelles* ; et les *Pays-Bas* ou *Hollande*, capitale *La Haye*.

2° La région CENTRALE comprend trois Etats ou groupes d'Etats : l'Empire d'*Allemagne* (Prusse, Bavière, Saxe, etc.), capitale *Berlin* ; la *Suisse*, capitale *Berne*, et l'empire *Austro-Hongrois* (Autriche-Hongrie), capitale *Vienne*.

3° La région MÉRIDIONALE comprend huit Etats ou groupes d'Etats : l'*Espagne*, capitale *Madrid* ; le *Portugal*, capitale *Lisbonne* ; l'*Italie*, capitale *Rome* ; la *Turquie d'Europe* avec ses dépendances, capitale *Constantinople* ; la *Roumanie*, capitale *Bukharest* ; la *Serbie*, capitale *Belgrade* ; le *Montenegro* ; et la *Grèce*, capitale *Athènes*.

4° La région de l'EST et du NORD-EST ne comprend qu'un Etat : la *Russie*, capitale *Saint-Pétersbourg*.

5° La région SEPTENTRIONALE comprend trois Etats : le *Danemark*, capitale *Copenhague* ; la *Suède*, capitale *Stockholm*, et la *Norvège*, capitale *Christiania*. (*Péninsule scandinave.*)

CHAPITRE I

NOTIONS SUR LA GÉOGRAPHIE PHYSIQUE DE L'EUROPE

I

Bornes et superficie. — L'Europe est bornée : au nord, par l'océan Glacial arctique et l'océan Atlantique ; à l'ouest, par l'océan Atlantique ; au sud, par le détroit de Gibraltar et la mer Méditerranée (1), qui la séparent de l'Afrique, l'Archipel, le détroit des Dardanelles, la mer de Marmara, le détroit de Constantinople, la mer Noire et la chaîne du Caucase, qui la séparent de l'Asie occidentale ; à l'est, par la mer Caspienne, le fleuve Oural et les monts Ourals, qui la séparent de l'Asie centrale et septentrionale.

La superficie totale du continent et des îles est, en chiffres ronds, de dix millions de kilomètres carrés, étendue dix-neuf fois plus grande que celle de la France.

Les rivages et les mers.

De toutes les parties du monde, l'Europe est celle dont les côtes offrent les découpures les plus variées, les échancrures les plus profondes et le plus grand développement par rapport à la superficie du continent : au nord, la presqu'île de *Laponie* (Russie), la péninsule *Scandinave,* la presqu'île du *Danemark*, les îles *Britanniques* ; au sud, les trois grandes péninsules d'*Espagne,* d'*Italie* et de *Grèce,* la presqu'île de *Crimée* (Russie) ; partout des golfes et des mers intérieures.

Océan Glacial arctique.

L'océan Glacial arctique baigne la Russie et la Norvége, dont les côtes s'élèvent presque à pic comme un rempart de granit (2), découpé par des baies étroites et profondes. C'est dans une des nombreuses îles semées sur le littoral norvégien qu'est situé le cap *Nord,* le point le plus septentrional de l'Europe.

L'océan Glacial ne forme qu'une mer secondaire, la **mer Blanche,** golfe gelé pendant huit mois de l'année, qui s'enfonce entre la presqu'île déserte de Laponie et les côtes marécageuses et glacées de la Russie septentrionale.

Océan Atlantique.

L'*océan Atlantique septentrional* baigne le sud de la Norvége, le nord de la Grande-Bretagne, avec ses rochers et ses îles montagneuses enveloppées d'un éternel brouillard, et l'*Islande,* grande île volcanique située sur la limite des mers

(1) Mer *Méditerranée* signifie mer qui est au milieu des terres.
(2) Le granit est une roche très-dure et très-compacte.

polaires, et dont le nom signifie Terre de glace. Il forme deux mers secondaires : 1° la **mer du Nord**, peu profonde et redoutable par ses tempêtes, baigne, à l'est, la Norvége et ses îles de granit, la péninsule danoise, aux côtes basses et sablonneuses, dont le point le plus septentrional est le cap *Skagen* ; au sud, les plages de l'Allemagne du Nord, de la Hollande, de la Belgique, bordées de dunes (1) et de marécages ; à l'ouest, les rivages plus découpés de la Grande-Bretagne : elle forme, en Hollande, le golfe ensablé du *Zuiderzée* (2).

2° **La mer Baltique**, qui communique avec la mer du Nord par les détroits du *Skager-Rack*, du *Cattégat* et du *Sund* (3), entre la péninsule scandinave et le Danemark, est un bras de mer long et étroit, très-peu profond, gelé du mois de novembre au mois d'avril, semé d'îles peu élevées, dont les plus importantes sont celles de l'*archipel Danois*. Elle baigne, à l'est, la Russie, où elle forme plusieurs golfes entourés d'une ceinture de rochers (golfes de *Botnie* et de *Finlande*) ; au nord et à l'ouest, la Suède et le Danemark ; au sud, les côtes de l'Allemagne, sablonneuses et bordées de lagunes (4).

L'*océan Atlantique occidental* baigne les côtes rocheuses et découpées de la Grande-Bretagne, l'île d'*Irlande*, avec ses marécages et ses vertes prairies ; il s'enfonce entre la France et l'Espagne, sous le nom de *mer de France* et de *golfe de Gascogne*, entre la pointe *Saint-Mathieu*, en France, et le cap *Finisterre*, en Espagne : il dessine, enfin, jusqu'au détroit de Gibraltar, les rivages de la péninsule espagnole (Espagne, Portugal), rocheux et escarpés au nord, plats et marécageux à l'ouest, et surtout au sud-ouest.

Il forme deux mers secondaires : 1° la **mer d'Irlande**, entre la Grande-Bretagne et l'Irlande, canal qui s'élargit dans sa partie centrale et se rétrécit à ses deux extrémités.

2° **La Manche**, long détroit peu profond qui s'ouvre du côté de l'Atlantique entre la *pointe Saint-Mathieu*, en France, et le cap *Land's End* (fin de la terre), en Angleterre (5), sépare

(1) On appelle *dunes* des collines de sable amoncelées par les vagues et par les vents, d'une très-grande mobilité et qui tendent à avancer vers l'intérieur des terres.

(2) Ce mot signifie *golfe du Sud*.

(3) Ce mot signifie *détroit*.

(4) On appelle lagunes des espèces de lacs maritimes séparés de la mer par une étroite bande de sable qu'interrompent çà et là des ouvertures par où pénètrent les eaux de l'Océan.

(5) L'Angleterre est la partie méridionale de la Grande-Bretagne.

la France de l'Angleterre et communique, par le *Pas-de-Calais*, avec la mer du Nord.

Les principales pêches de l'Atlantique sont celles de la morue, dans les mers de l'Islande et de la Norvége, du hareng, dans les mers du Nord et de la Manche, de la sardine, sur les côtes de France et d'Espagne, et des huîtres, sur le littoral anglais, français et portugais.

II

Mer Méditerranée et mer Noire.

L'Atlantique communique avec la Méditerranée par le détroit de *Gibraltar* (1), resserré entre l'Afrique et l'Espagne.

1° La Méditerranée proprement dite se divise en trois grands bassins, dont la profondeur augmente d'occident en orient.

Le premier est limité : au sud, par l'Afrique ; à l'ouest, par l'Espagne ; au nord, par les côtes de France et d'Italie, où s'enfoncent les golfes du *Lion* et de *Gênes* (2); à l'est, par le littoral italien bas et marécageux, jusqu'au golfe de *Naples*, élevé et découpé de baies pittoresques du golfe de Naples au détroit de *Messine* (2); au sud-est, enfin, par la grande île de *Sicile*, que sépare de l'Afrique un détroit peu profond, hérissé d'écueils volcaniques. Ce vaste bassin renferme le groupe des îles *Baléares*, sur les côtes d'Espagne, les deux grandes îles montagneuses de *Corse* et de *Sardaigne*, séparées par le détroit de *Bonifacio*, l'île d'*Elbe*, sur les côtes d'Italie, célèbre par le séjour de Napoléon Ier, en 1814, enfin la *Sicile*, séparée de l'Italie par le détroit de Messine.

La partie de la Méditerranée qui baigne les côtes occidentales de l'Italie s'appelle **mer Tyrrhénienne**, du nom d'un peuple qui, plusieurs siècles avant J.-C., dominait dans l'Italie centrale (Tyrrhéniens ou Étrusques).

2° Le second bassin de la Méditerranée, également limité au sud par l'Afrique, commence au petit groupe d'îles dont *Malte* est la plus importante, puis, sous le nom de **mer Ionienne**, baigne : à l'ouest, la Sicile et l'Italie, où il forme le golfe de *Tarente* (2) ; à l'est, la Grèce, où il forme le golfe de *Lépante*,

----

(1) Ce détroit doit son nom à une ville située sur un rocher qui le domine.

(2) Gênes, Naples, Messine, Otrante, Tarente, sont des villes du royaume d'Italie.

la presqu'île de *Péloponèse* ou *Morée*, terminée par le cap *Matapan*, et rattachée à la Grèce par l'isthme de *Corinthe*, le groupe des îles *Ioniennes*, disséminées sur les côtes occidentales et méridionales de la péninsule hellénique (1), et l'île montagneuse de *Crète* ou de *Candie*.

Il s'enfonce dans sa partie septentrionale sous le nom de **mer Adriatique,** entre les côtes marécageuses de l'Italie et le littoral autrichien, semé d'îles innombrables, l'*archipel Illyrien*, qu'habitent d'intrépides pêcheurs. La mer Adriatique et la mer Ionienne communiquent par le détroit ou canal d'*Otrante.* La Méditerranée méridionale forme un immense golfe qui se prolonge entre l'Asie et l'Afrique et dont les plus grandes profondeurs atteignent 4,000 mètres.

3° Le troisième bassin de la Méditerranée ne comprend qu'une mer étroite, l'**Archipel,** bordée de côtes sinueuses et tourmentées (Grèce et Turquie), semée d'îles volcaniques, les unes disposées en cercle, comme les *Cyclades,* les autres, disséminées sur les côtes de la Turquie d'Asie ou sur celles de la Grèce et de la Turquie d'Europe, comme l'île d'*Eubée* ou *Négrepont.*

4° L'Archipel communique par une série de détroits plus ou moins resserrés entre la côte d'Europe et celle d'Asie, détroit des *Dardanelles,* **mer de Marmara** (2), canal de *Constantinople* (3) ou *Bosphore,* avec un quatrième bassin séparé autrefois de celui de la Méditerranée et dont les eaux, plus hautes, se déversent par ces canaux comme par des écluses naturelles dans le bassin inférieur. Ce quatrième bassin, dominé au sud et à l'est par les rivages escarpés de la Turquie d'Asie, au nord par les rochers de la *Crimée,* que l'isthme de *Pérécop* rattache au continent, est bordé au nord-ouest et à l'ouest de côtes basses et marécageuses en Russie et dans la Turquie d'Europe ; il porte le nom de **mer Noire,** qu'il doit à la couleur sombre de ses eaux. Il communique par un détroit resserré entre la presqu'île de Crimée et les dernières pentes du Caucase (détroit de *Kertch*), avec un golfe vaseux et ensablé, la **mer d'Azof** (4).

(1) Les Grecs se nomment dans leur langue *Hellènes* et la Grèce *Hellas.*
(2) Cette mer doit son nom à l'île de Marmara ou île des Marbres.
(3) Constantinople est la capitale de la Turquie.
(4) Azof et Kertch sont des villes de Russie.

Mer Caspienne.

Enfin, entre l'Europe et l'Asie, dans une vaste dépression (1), située à plus de 25 mètres au-dessous du niveau de la mer Noire, dort un grand lac, la **mer Caspienne**, aux eaux peu profondes, aux côtes sablonneuses ou couvertes de roseaux, et qui semble avoir communiqué autrefois avec la mer Noire.

Les principales pêches de la Méditerranée sont celles du thon et de la sardine, sur les côtes de France et d'Italie, des éponges, dans l'Archipel, et du corail (2), sur les côtes de Sardaigne et d'Afrique.

Fig. XII. — Corail. — (La hauteur réelle de l'arbrisseau est d'environ 50 centimètres.)

III

Relief du sol. Montagnes, Plateaux et Plaines.

Relief du sol. — L'Est, le Nord et le Nord-ouest de l'Europe sont des pays de plaines sauf quelques parties de la *Grande-Bretagne* et la *Péninsule Scandinave*.

Les trois presqu'îles méridionales, l'Espagne, l'Italie et la Péninsule turco-hellénique, sont en général des pays de montagnes ou de plateaux, ainsi qu'une partie de l'Europe centrale sillonnée par les rameaux de la grande chaîne des Alpes.

Une ligne droite tirée du golfe du Zuiderzée au pied des monts Caucase indiquerait à peu près la limite des deux régions. (Voir la carte, page 32.)

(1) On appelle dépression une partie du sol située au-dessous du niveau des terres environnantes. C'est le contraire d'un plateau.

(2) Le corail est une substance dure comme la pierre, d'une belle nuance rouge ou rose, qui offre quand elle n'est pas taillée la forme d'un petit arbre, et qui est le produit du travail d'animaux marins presque imperceptibles qu'on nomme *polypes*.

EUROPE
Description Physique
Pays situés au dessous du niveau de la Méditerranée
Plaines basses
Régions élevées
Myriamètres

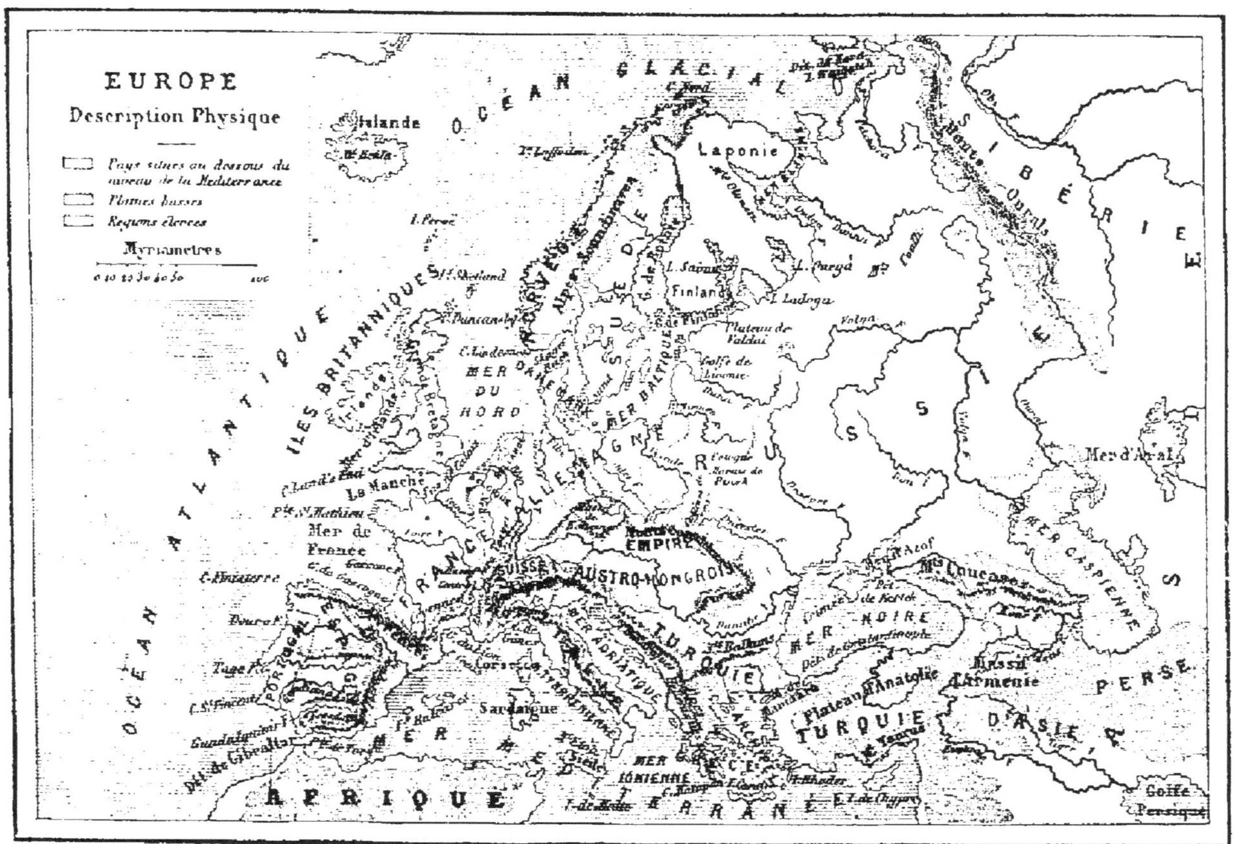

Carte III.

Principaux massifs de montagnes. — Les principaux massifs de montagnes sont :

1º Au sud-ouest, celui de la **Péninsule Espagnole** dominée au sud par la **Sierra Nevada,** au nord par les **Pyrénées.**

2º A l'Ouest, le **massif central français (Cévennes et montagnes d'Auvergne).**

3º Dans la partie méridionale de l'Europe centrale, le massif énorme des **Alpes** d'où se détachent :

4º Au sud les **Apennins** (Italie) :

5º Au sud-est les **Alpes Helléniques** et les **Balkans** (Péninsule Turco-Hellénique).

6º et 7º Dans l'Europe centrale le massif de la **Bohême** et les **Carpathes.**

8º et 9º Sur les limites de l'Europe et de l'Asie, au nord-est, les monts **Ourals** avec leur couronne de forêts, au sud-est la chaîne du **Caucase** dont les sommets neigeux dépassent 5600 mètres au dessus du niveau de la mer.

10º Au nord de l'Europe les **Alpes Scandinaves,** plateaux élevés plongeant à pic dans l'océan Glacial et dans l'Atlantique, couverts de pâturages en été, de neiges en hiver, et qui traversent dans toute sa longueur la Péninsule Scandinave (points les plus élevés 2 400 à 2 600 mètres).

11º Au nord-ouest, dans la Grande-Bretagne, les montagnes du *Pays de Galles* et celles de l'**Ecosse,** qui n'atteignent pas 1400 mètres, mais qui frappent le voyageur par leur aspect sauvage, leurs rochers tapissés de bruyères, leurs cascades écumantes, et leurs lacs dominés de toutes parts par de véritables murailles de granit.

12º Dans l'île d'**Islande,** sur la limite où se confondent l'océan Atlantique et l'océan Glacial, le massif de montagnes volcaniques dont le sommet le plus connu est le volcan de l'*Hécla.*

Quelques-uns de ces massifs méritent une description plus détaillée : ce sont les Pyrénées, les Cévennes, les Alpes, les Apennins, les Alpes Helléniques et les Carpathes.

Péninsule Espagnole. Les Pyrénées. — La Péninsule Espagnole est comme encadrée entre deux chaînes de hautes montagnes, au sud la *Sierra* (1) *Nevada* (montagnes neigeuses), au nord les Pyrénées.

(1) *Sierra* vient d'un mot latin qui signifie *scie.* En effet, les montagnes de l'Espagne sont pour la plupart dentelées comme une scie.

Le centre de la Péninsule est occupé par un vaste plateau, celui *des Castilles,* élevé en moyenne de 600 mètres au-dessus du niveau de la mer, brûlant en été, froid en hiver et dominé par des groupes confus de montagnes dentelées.

Les **Pyrénées** commencent au cap Finisterre sur l'océan Atlantique, se dirigent vers l'est, en longeant le golfe de Gascogne, puis séparent la France de l'Espagne et finissent au cap *Creus,* sur la Méditerranée.

Dominées par des pics nombreux dont quelques-uns sont couronnés de neiges éternelles, les Pyrénées sont couvertes à leur base de champs cultivés, et de quelques forêts de hêtres et de sapins, plus haut de bois d'ifs et de pins, clair-semés au milieu de maigres pâturages qui s'étendent jusqu'à la cime. Elles s'élèvent du côté de l'Espagne par de brusques escarpements ; la pente septentrionale est plus douce quoique très-rapide ; quelques glaciers se sont formés dans les hautes vallées, où dorment de petits lacs, aux eaux froides et profondes. Les rochers dessinent souvent des espèces d'enceintes arrondies, désignées sous le nom de *cirques,* dont les parois s'élèvent à pic jusqu'à une hauteur de 500 ou 600 mètres, et servent de base à d'immenses gradins chargés de neiges et couronnés eux-mêmes de montagnes qui se dressent comme des tours.

Les plus hauts sommets des Pyrénées, sont la *Maladetta* ou mont *Maudit* (3404 mètres) et le mont *Posets* (3,370 mètres) tous deux dans les Pyrénées centrales, et sur le versant espagnol.

Massif central français. Les Cévennes. — Au nord des Pyrénées, au centre de la France, se dresse un massif de terres élevées entrecoupé de vallées profondes et dominé par les cratères éteints des *Volcans de l'Auvergne.* La lisière orientale de cette région montagneuse est dessinée par la longue chaîne des **Cévennes,** qui dans sa partie la plus septentrionale s'abaisse et finit par s'étaler en larges plateaux ; mais peu à peu ces plateaux deviennent plus tourmentés, se relèvent en terrasses couvertes de forêts, puis en montagnes arrondies qui, sous le nom de **Vosges,** encadrent la riche vallée où coule le Rhin.

IV

Les Alpes. — Les Cévennes sont séparées des Alpes par

la vallée de la Saône et du Rhône. Le massif des Alpes (1) est la partie la plus élevée du continent européen, le centre d'où paraissent rayonner toutes ses grandes chaînes de montagnes.

La chaîne principale, qui appartient à la France dans sa partie occidentale, forme un demi-cercle, large en moyenne de plus de 150 kilomètres, et dont le développement dépasse 1,500 kilomètres. Dans le versant mé-

Fig. XIII. — Ours brun. — (Longueur du museau à la queue 1 mètre à 1 mètre 60 centimètres.)

ridional, les Alpes s'élèvent brusquement comme un rempart gigantesque. Le versant septentrional, coupé par de longues vallées qui courent dans le même sens que la chaîne, s'abaisse au contraire comme un amphithéâtre dont le sommet est dessiné par une ligne d'arêtes dentelées, de glaciers, de montagnes couvertes de neiges éternelles. Dans cette région des glaces, des rochers et des précipices se hasardent seuls l'aigle et le chamois. Au-dessous de 2,300 mètres commencent les pâturages, que les troupeaux abandonnent pendant l'hiver; puis les forêts de sapins et de bouleaux où se cachent encore des ours de grande taille; enfin sur les derniers gradins s'étendent des terres cultivées ou semées de forêts de hêtres, de chênes et de châtaigniers. Rien n'est plus beau

(1) Ce nom signifiait dans la langue que parlaient les Gaulois, nos ancêtres, une montagne couverte de pâturages.

et plus imposant que ces grandes montagnes : mais c'est

Fig. XIV. — Le chamois. — (Hauteur de la figure jusqu'à la naissance du cou, 3 centimètres ; hauteur réelle de l'animal, 70 à 80 centimètres.)

une beauté sauvage et terrible. Sur les hautes cimes, la so-

Fig. XV. — L'aigle. — (Un seizième de la grandeur naturelle.)

litude et le silence de la mort. Dans les vallées, le fracas des torrents qui se précipitent du haut des rochers, en cascades d'écume. Parfois se détachent de la montagne des masses de neiges appelées *avalanches*, qui roulent en emportant sur leur passage forêts, châlets et villages.

La chaîne principale des Alpes décrit, du golfe de Gênes à la mer Adriatique, un demi-cercle dont le massif du *Saint-Gothard*, qui n'est pas un des plus élevés, occupe à peu près le milieu. Un observateur placé sur ce sommet et dont la vue serait assez puissante pour s'étendre jusqu'aux extrémités de la chaîne, verrait se prolonger vers le sud-ouest une première branche, sinueuse, hérissée de pics neigeux, dominée par le mont *Blanc* (4,810 mètres), le géant de nos montagnes européennes, descendant presque à pic du côté de l'Italie (versant oriental), s'étendant au contraire du côté de la France par une pente moins rapide : ce sont les **Alpes Occidentales,** qui vont du mont *Blanc* au golfe de Gênes.

Entre le mont Blanc et le Saint-Gothard les Alpes conservent toute leur majesté sauvage : le mont *Rose*, dans les *Alpes Pennines* (ainsi nommées d'un vieux mot gaulois qui signifie tête), atteint 4,600 mètres.

Mais de l'autre côté du Saint-Gothard se prolonge vers l'est, puis s'incline vers le sud-est jusqu'à ce qu'elle vienne effleurer le littoral de l'Adriatique, une autre branche moins élevée que la première, moins escarpée du côté de l'Italie, dominée toutefois par des cimes dentelées et neigeuses, dont quelques-unes s'élèvent à 4,000 mètres. Elle porte les noms d'**Alpes Centrales,** depuis le mont Blanc jusqu'au massif des *Tauern*, et d'**Alpes Orientales,** depuis ce massif jusqu'à l'Adriatique. Les principaux passages sont les cols du mont *Cenis* dans les Alpes occidentales, du grand *Saint-Bernard*, du *Simplon*, du *Saint-Gothard* et du *Brenner* dans les Alpes Centrales ; celui de *Tarvis* dans les Alpes Orientales ; cinq voies ferrées franchissent, la première le massif du mont Cenis, la seconde celui du Saint-Gothard (tunnel de 19 kilomètres), la troisième le col du Brenner, la quatrième et la cinquième les Alpes orientales.

V

Versant méridional des Alpes. Apennins (1). **Le Vésuve et l'Etna. —** Après avoir embrassé cet im-

(1) Le mot des Apennins vient du mot gaulois *Pen* comme celui des Alpes Pennines.

mense demi-cercle, si l'observateur placé au sommet du Saint-
Gothard se tournait vers le sud, ses regards, en effleurant les
dernières pentes des Alpes et les grands lacs ombragés d'oli-

Fig. XVI. — Glacier.

viers et de citronniers qui dorment au pied de la montagne,
viendraient se reposer sur les riches *plaines de l'Italie septentrionale*; mais au delà de ce large bassin ils rencontreraient
une chaîne aux flancs nus, aux croupes monotones, sans
grands sommets, sans glaciers et sans neiges éternelles. Ce
sont les **Apennins,** qui forment la prolongation des Alpes
occidentales.

Ils coupent l'Italie du nord au sud, et atteignent leur plus
grande élévation (2,900 mètres), à peu près au centre de la
péninsule, puis s'abaissent en plateaux tourmentés couverts
de forêts et de pâturages. La partie méridionale de la chaîne
est volcanique : à l'extrémité d'un de ses rameaux, au bord
du golfe de Naples, se dresse le *Vésuve*, tapissé de vignes et
de vergers, que sillonnent des coulées de laves refroidies.

Figure XVII. — Le Vésuve, vu du golfe de Naples.

De l'autre côté du détroit de Messine, la grande île de Sicile est dominée tout entière par le gigantesque cratère de l'*Etna* (3,313 mètres) avec sa couronne de forêts et de neiges éternelles.

Alpes helléniques et Balkans. — Les Alpes orientales se prolongent comme les Alpes occidentales, par un rameau qui suit la même direction que l'Apennin et qui couvre presque toute la péninsule hellénique. Au nord de cette péninsule s'élève un groupe de montagnes sauvages, couvertes sur les plus hauts sommets (2 900 mètres) de neiges éternelles.

De ce massif se détachent : vers l'est, les **Balkans**, chaîne boisée qui vient mourir sur les bords de la mer Noire; vers le sud, les **Alpes helléniques**, qui traversent la péninsule, forment l'isthme de Corinthe, enveloppent le plateau central de la Morée, et vont se terminer au sud de cette presqu'île par trois pointes dont la principale est le cap *Matapan*.

Versant septentrional des Alpes. — Tandis que les deux rameaux méridionaux des Alpes dessinent la charpente des péninsules d'Italie et de Grèce et viennent plonger dans la Méditerranée, la région qui s'étend sur le versant septentrional de la grande chaîne offre un tout autre aspect. L'œil s'égare au milieu d'un chaos de vallées sauvages, de pics aux cimes blanches de neiges, qui contrastent avec la sombre verdure des forêts de sapins. C'est la **Suisse** et le **Tyrol**, le pays des glaciers et des lacs, le réservoir des grands fleuves de l'Europe centrale et occidentale. Au pied de cette région de montagnes, s'étendent les hautes *plaines* de la *Suisse occidentale* et *septentrionale* séparées de la France par les pentes boisées du **Jura**, et les vastes *plateaux* de l'*Allemagne méridionale* et *centrale*, sillonnés par des chaînes pour la plupart couvertes de forêts et d'une élévation médiocre.

L'ensemble de ces chaînes et de ces plateaux, forme une terrasse coupée de l'ouest à l'est par l'étroite vallée du Danube, terminée à l'ouest par les pentes de la **Forêt-Noire** et par les hauteurs qui dominent la rive droite du Rhin, se prolongeant vers l'est par le massif des **montagnes de la Bohême** (1) et s'abaissant vers le nord jusqu'à ce que ses dernières ondulations s'effacent dans une plaine immense,

(1) La Bohême est une province de l'empire d'Autriche.

monotone, sablonneuse, et qui, sous le nom de Belgique, de Hollande, d'Allemagne du Nord, de Danemark,
borde la mer du Nord et la Baltique.

Carpathes. — Le groupe des montagnes de la Bohême, disposé de manière à ressembler à la figure ci-contre qu'on appelle un losange, se lie à celui des Carpathes par la chaîne boisée des monts **Sudètes**.

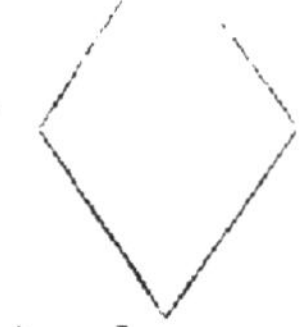

Le massif des **Carpathes** est moins une chaîne de montagnes qu'un plateau couvert de forêts, surmonté de quelques sommets élevés de plus de 2,500 mètres, et qui se courbe en demi-cercle, depuis les sources de la Vistule jusqu'aux bords du Danube.

Les plaines de Hongrie et de Russie. — Le versant occidental du plateau vient mourir dans la plaine de **Hongrie** arrosée par les affluents du Danube, couverte de moissons et de prairies, entrecoupée de marécages et de steppes, où errent d'innombrables troupeaux. Le versant oriental et méridional s'abaisse par une série de gradins presque plats, peu élevés et qui descendent vers le Danube et vers la mer Noire, comme les marches d'un gigantesque escalier. Au nord des Carpathes s'étend jusqu'aux extrémités de l'Europe, une plaine bornée par la mer Noire, le Caucase, la mer Caspienne, les monts Ourals, l'océan Glacial et la Baltique, et dont quelques collines ou quelques renflements de terrain comme le plateau de *Finlande*, au nord-ouest, et le plateau de *Waldaï*, au centre, rompent à peine la monotonie. C'est la Russie, qui occupe à elle seule plus de la moitié du continent européen.

VI

Fleuves et lacs.

Versants. Ligne de partage des eaux. — L'Europe, baignée par trois grandes mers, l'océan Glacial arctique, l'océan Atlantique et la mer Méditerranée, se divise en deux *versants* principaux, c'est-à-dire en deux pentes, dont l'une descend vers le nord-ouest (*océan Glacial* et *océan Atlantique*), l'autre vers le sud-est (*Méditerranée* et *Caspienne*). La séparation est marquée par une chaîne de collines, de montagnes ou de terrains élevés qui porte le nom de *ligne générale de partage des eaux*, parce que les cours d'eau qui prennent leur source sur une des pentes se dirigent vers l'océan Atlantique ou l'océan Glacial, tandis que ceux qui coulent sur l'autre pente aboutissent à la Méditerranée ou à la Caspienne.

Les hauteurs qui forment la *ligne de partage des eaux* de l'Europe sont, de l'est à l'ouest : les monts *Ourals*, le plateau de *Waldaï*, et les ondulations de terrain qui sillonnent les plaines basses de la Russie et de la Pologne ;

Les monts *Carpathes* septentrionaux, et les montagnes boisées de la *Bohême*, en Autriche ;

Les chaînes de l'Allemagne centrale et méridionale ;

Les *Alpes centrales*, la partie la plus élevée de la ligne de partage des eaux, en Suisse ;

Le *Jura*, les *Cévennes* et les *Pyrénées*, en France ;

Les plateaux de la péninsule espagnole, et la *Sierra Nevada*, en Espagne.

Les deux versants du nord-ouest et du sud-est se subdivisent eux-mêmes en bassins maritimes et en bassins fluviaux, séparés les uns des autres par des hauteurs plus ou moins considérables qui se détachent de la ligne de partage des eaux.

Fleuves du versant Nord-Ouest.

Les cours d'eau les plus importants de ce versant coulent du sud-est au nord-ouest et prennent leur source dans les hauteurs qui dessinent la ligne de partage des eaux.

Les principaux sont :

1° Dans le bassin de l'**océan Glacial**, la *Petchora*, qui naît dans les monts Ourals et se jette dans l'**océan Glacial**, et la *Dwina*, qui se jette dans la mer **Blanche**.

2° Dans le bassin de la **Baltique**, les torrents qui servent de déversoirs aux grands lacs de la Suède méridionale (lacs *Mœlar*, *Wetter*, *Vener*,) et les cours d'eau semés de rochers et de cataractes qui roulent des Alpes scandinaves ;

En Russie, la *Néva*, large canal par où se déversent les lacs du plateau de Finlande dont les deux principaux sont les lacs *Onéga* et *Ladoga*, le plus vaste de l'Europe ; la *Duna*, qui sort du plateau de *Waldaï* ; le *Niémen*, fleuve encaissé et ombragé de noires forêts de sapins.

Dans les vastes plaines de la Pologne et de l'Allemagne du Nord se déroulent lentement de grands fleuves navigables ; la **Vistule**, qui descend des Carpathes ; l'**Oder**, qui naît dans les Sudètes, et coule dans un lit marécageux.

3° La mer du Nord reçoit l'**Elbe,** qui descend des montagnes de la Bohême, en Autriche, puis arrose les plaines sablonneuses de l'Allemagne du Nord ;

Le *Wéser*, sorti des plateaux de l'Allemagne centrale ;

Le **Rhin,** formé par des torrents qui descendent des glaciers des Alpes centrales (Saint-Gothard), et se réunissent dans une vallée qui appartient à la Suisse. Le fleuve coule du sud au nord, traverse le lac de *Constance,* puis rejeté par la barrière que lui oppose le talus méridional du plateau de *l'Allemagne,* se détourne vers l'ouest. Il reçoit les eaux du versant septentrional des Alpes par la rivière de l'*Aar*, déversoir des lacs si fameux de la Suisse, lacs de *Zurich*, des *Quatre-Cantons,* et de *Neuchâtel.*

En quittant le territoire de la Suisse, le Rhin arrêté par les Vosges, tourne brusquement vers le nord, coule dans un large lit semé d'îles et de bancs de sable, et bordé, à l'ouest, par les Vosges, à l'est, par la Forêt-Noire. Il reçoit, à droite, les eaux de la Forêt-Noire et des plateaux de l'Allemagne centrale par le *Main* (Allemagne).

A partir de son confluent avec le Main, le Rhin s'incline vers le nord-ouest et coule dans un lit profondément encaissé, dominé par des rochers où se dressent les ruines de vieilles tours du moyen âge ; puis la vallée s'élargit peu à peu, les montagnes s'abaissent, et les plaines basses de la Hollande succèdent aux coteaux pittoresques de l'Allemagne occidentale. Le fleuve reçoit sur sa rive gauche, en Allemagne, la *Moselle,* qui lui apporte les eaux du versant occidental des Vosges.

Après avoir franchi la frontière hollandaise, le Rhin se divise en plusieurs bras : le principal, sous le nom de **Waal,** se grossit des eaux de la Meuse, se répand en vastes marécages couverts de roseaux, et va se jeter enfin dans la mer du Nord, par trois bouches principales que les géographes appellent improprement *Bouches de la Meuse.* Le cours du Rhin est d'environ 1,300 kilomètres.

La **Meuse** coule du sud au nord en France et en Belgique, dans une vallée étroite et encaissée, puis s'incline vers l'ouest après avoir franchi la frontière de Hollande, et se confond avec le *Waal.*

L'**Escaut** coule d'abord en France, puis en Belgique, à travers des plaines fertiles, et va se jeter en Hollande par deux bouches principales.

Le versant oriental de la Grande-Bretagne est arrosé par un grand nombre de cours d'eau d'une longueur médiocre, mais presque tous navigables, dont le principal est la **Tamise**, en Angleterre.

4° **Bassin de la Manche et de l'océan Atlantique occidental.** — La Manche ne reçoit qu'un grand cours d'eau, la **Seine**, un de nos fleuves français.

Dans la mer de France se jette la **Loire** qui descend des Cévennes ; dans le golfe de Gascogne, la **Garonne**, qui descend des Pyrénées.

Le versant occidental de la péninsule espagnole est sillonné par quatre vallées principales dont les eaux se déversent dans l'Atlantique ; celles du *Douro*, du **Tage**, de la *Guadiana*, creusées dans le plateau des Castilles, et celle du **Guadalquivir**, large fleuve semé d'îles marécageuses et bordé tantôt de fertiles campagnes, tantôt de marais ou de sables brûlés par le soleil.

VII

Fleuves du versant Sud-Est.

1° **Bassin de la Méditerranée occidentale.** — Le versant oriental de la péninsule espagnole est arrosé par un grand nombre de cours d'eau dont le plus important est l'*Ebre*, long torrent presque desséché en été et qui prend sa source dans les Pyrénées espagnoles.

Dans le golfe du Lion se jette le **Rhône** (France) fleuve impétueux qui descend du massif du St-Gothard, traverse le lac de *Genève* et reçoit la grande rivière de la *Saône*.

La mer **Tyrrhénienne** ne reçoit que des cours d'eau d'une médiocre étendue qui naissent dans l'Apennin, l'*Arno*, le **Tibre**, rivière profonde, aux eaux jaunâtres, terrible par ses inondations, mais qui ne serait qu'un torrent ignoré, si Rome ne s'était élevée sur ses bords.

Ce bassin renferme un grand nombre de lacs volcaniques célèbres par les souvenirs de l'histoire romaine ou par les légendes poétiques de l'antiquité (Italie centrale).

2° **L'Adriatique** reçoit les eaux des Alpes occidentales et des Alpes centrales par le fleuve du **Pô** qui descend des Alpes, coule de l'ouest à l'est dans les plaines de l'Italie du Nord et se jette dans la mer par sept bouches, en formant de vastes lagunes qui s'accroissent sans cesse, grâce aux atterrissements (1) du fleuve. Le Pô reçoit, sur sa rive droite, les eaux des Alpes Maritimes et de l'Apennin septentrional, par des torrents impétueux qui débordent souvent. Sur la rive gauche, de grandes rivières qui forment le lac *Majeur,* le lac de *Côme,* le lac de *Garde,* y jettent les eaux du versant méridional des Alpes.

3° **Bassins de la mer Ionienne et de l'Archipel.** —Les cours d'eau tributaires de la mer Ionienne et de l'Archipel, qui descendent de l'Apennin, des Alpes helléniques et des Balkans, ne sont que des torrents dont aucun n'est navigable, sauf la *Maritza,* qui prend sa source dans les Balkans et arrose la Turquie d'Europe.

4° Dans la **mer Noire** se jette le **Danube,** en allemand *Donau,* qui prend sa source dans la Forêt-Noire, coule de l'ouest à l'est, dans une vallée encaissée et reçoit sur la rive droite, dans cette partie supérieure de son cours, les eaux des Alpes centrales par la puissante rivière de l'*Inn*. Après avoir passé la frontière autrichienne, le Danube coule tantôt dans d'étroits défilés, tantôt dans un large lit semé d'îles boisées ou à moitié inondées, et continue de se diriger vers l'est jusqu'à ce qu'un rameau des Carpathes le rejette brusquement vers le sud. Il traverse alors une **plaine marécageuse,** couverte d'eaux stagnantes (lac *Balaton* ou *Platen*), et ne reprend sa direction primitive qu'après avoir franchi, par une brèche étroite, la barrière que lui oppose une seconde branche des Carpathes. Dans la partie moyenne de son cours, il reçoit les eaux des Carpathes par la *Theiss,* dont les nombreux affluents sillonnent les plaines de Hongrie.

Dans la partie inférieure de son cours, le Danube, dont la rive gauche appartient à la Roumanie, la rive droite à la Bulgarie, principauté dépendante de la Turquie, coule au pied des monts Balkans, dans un lit large de 3 à 10 kilomètres, et vient se jeter dans la mer Noire par plusieurs bouches, dont deux seulement navigables. Long de près de 2,800 kilomètres, traversant de l'ouest à l'est presque toute l'Europe, communiquant avec le Rhin par un canal qui franchit les hauteurs de l'Allemagne centrale, le Danube est, par son étendue, le second des fleuves européens, le premier par son importance commerciale.

(1) On appelle atterrissements les sables et les terres que les fleuves roulent dans leurs eaux et qu'ils accumulent peu à peu à leur embouchure.

Le *Dniester*, qui descend des Carpathes, le **Dniéper** (2,300 kilomètres), qui prend sa source au plateau de Waldaï, coulent du nord-ouest au sud-est dans les vastes plaines de la Russie méridionale. Ce dernier reçoit par ses affluents les eaux d'une **région marécageuse** qui couvre une surface égale au cinquième de la France et qu'on appelle les *marais de Pinsk*.

Le **Don** coule, dans la même direction, à travers des steppes herbeux (Russie), puis repoussé par les plateaux qui le séparent du Volga, décrit presque un demi-cercle avant de se jeter dans la mer d'Azof, qu'il ensable lentement.

5° La **mer Caspienne** reçoit deux grands fleuves, l'*Oural*, qui descend des monts *Ourals*, et le **Volga**, le plus long des fleuves de l'Europe, qui naît dans un lac du plateau de Waldaï, serpente à travers les plaines de Russie, et après un cours de 3,800 kilomètres, se partage à son embouchure en une infinité de bras formant un delta (1) sans cesse agrandi par les sables et la vase que le fleuve apporte.

L'ensemble de la géographie physique de l'Europe. — Si nous résumons l'ensemble des notions que nous venons d'exposer sur la géographie physique de l'Europe, nous verrons que le versant nord-ouest (France occidentale et septentrionale, Belgique, Hollande, Allemagne septentrionale, Russie), sauf dans sa partie méridionale (Espagne), est une région de plaines, souvent sablonneuses, mais bien arrosées, et presque partout cultivables. Entre les deux versants s'étend une série de hauteurs et de plateaux (plateau espagnol, massif des Pyrénées, massif central français, massif des Alpes [Suisse et Allemagne méridionale], plateaux de l'Allemagne centrale, plateaux des Carpathes, plateau de Waldaï), en général peu fertiles, en partie couverts de forêts, mais dont l'accès est rarement difficile.

Le versant sud-est (France méridionale et orientale, Espagne orientale, Italie, Allemagne méridionale, Autriche-Hongrie, Turquie et Grèce, Russie) est très-accidenté, sauf dans sa partie orientale, mais peu de chaines de montagnes attei-

---

(1) On appelle delta d'un fleuve l'espace compris entre ses branches extrêmes, quand il se sépare en plusieurs bras avant de se jeter à la mer. Cet espace a ordinairement la figure d'un triangle et rappelle la forme d'une lettre de l'alphabet grec qui s'appelait le Delta **Δ**. (Voir la carte p. 32.)

gnent la limite des neiges éternelles, et opposent aux communications de sérieux obstacles. Aussi, nulle part les relations commerciales ne sont-elles plus faciles : des mers libres, des fleuves nombreux, pas de déserts, un climat tempéré, peu de montagnes élevées, peu de terres stériles, une grande variété de terrains et par conséquent de productions : tels sont les avantages qui ont fait de la plus petite des cinq parties du monde, la plus riche, la plus commerçante et la plus peuplée par rapport à son étendue.

VIII

Population et langues diverses. — La population totale de l'Europe est d'environ 320 millions d'habitants, appartenant presque tous à la race blanche, et divisés en trois grandes familles à peu près égales en nombre, qui se distinguent surtout par leurs langues.

Les langues SLAVES sont parlées dans l'est et le sud-est de l'Europe, en Russie, en Turquie, dans l'empire austro-hongrois ;

Les langues GERMANIQUES, dans l'Europe centrale et septentrionale, en Autriche, en Allemagne, dans les Pays-Bas, dans les royaumes scandinaves, dans la Grande-Bretagne ;

Les langues LATINES, c'est-à-dire dérivées du latin, dans l'Europe occidentale et méridionale, en Belgique, en France, en Espagne, en Italie et en Roumanie.

Climat. — La plus grande partie de l'Europe est située dans la zone tempérée septentrionale ; on y distingue cependant trois climats principaux :

1° Le climat de la *Méditerranée*, réchauffé par les vents brûlants qui ont passé sur les sables de l'Afrique, comprend l'Espagne, l'Italie, la Turquie et la Grèce. — 2° Le climat de l'*Océan*, plus humide et plus brumeux, règne en France, en Belgique, en Hollande, dans les Iles Britanniques et le sud de la Norvége, qui doivent aux courants chauds de l'Atlantique une température plus élevée que celle des pays continentaux situés dans la même zone. — 3° Le climat *continental*, plus sec et plus inégal, est tempéré dans les plaines de la Suisse, dans l'Allemagne méridionale et centrale, en Autriche ; froid dans l'Allemagne septentrionale, en Suède et en Russie, où les vents du nord et du nord-est balayent sans obstacles des plaines ouvertes de toutes parts.

Plantes les plus remarquables. — Les richesses

végétales, qui dépendent surtout du climat, sont très-inégalement distribuées : les *céréales* (1) réussissent dans toute l'Europe, mais la culture du *seigle*, de l'*orge*, de l'*avoine*, domine dans les régions froides ; celle du *froment* dans les régions tempérées, en France, en Hongrie, dans la Russie méridionale ; les *pommes de terre* sont la ressource des pays montagneux et des terrains maigres et sablonneux, tels que les plaines de l'Allemagne du Nord et de l'Irlande, les plateaux de l'Allemagne centrale, de la France

Fig. XVIII. — Houblon.

centrale et orientale, de la Grande-Bretagne.

La *betterave* à sucre est surtout cultivée dans les pays tempérés, en France, en Allemagne, en Autriche ; le *houblon*, qui sert à la fabrication de la bière, dans ceux de ces mêmes pays où la vigne ne réussit pas (Angleterre, Belgique, Allemagne) ; le *lin* dans les pays froids et humides (Russie, Pays-Bas, Irlande) ; le *chanvre* dans les contrées plus chaudes (Allemagne du Sud, France, Italie) ; le *coton* dans quelques parties de la Grèce et de la Turquie ; le *tabac* en Hongrie, en Turquie, en Russie, dans l'Allemagne du Nord et en France.

Le raisin ne mûrit pas dans le nord et dans l'est de l'Europe, où le vin est remplacé par la bière, le cidre et autres boissons fermentées ; la France, l'Italie, l'Espagne, le Portugal, la Hongrie, sont les principaux pays de vignobles ; le *mûrier*, l'*olivier*, l'*oranger*, ne réussissent que dans le sud de l'Europe.

(1) On appelle *céréales* les plantes qui servent à faire la farine et le pain, comme le blé, l'orge, le seigle, etc. Ce nom vient de celui que les anciens Romains donnaient à la déesse des moissons, Cérès.

Forêts — Les pays qui possèdent le plus de forêts sont

Fig. XIX. — Lin. (Hauteur de la tige entière, 50 centimètres.)

Fig. XX. — Chanvre. (La tige dont on ne voit ici qu'une partie, est longue de 1 mètre 50 cent. à 2 mètres 50 cent.)

ceux de l'Europe septentrionale et orientale, la Russie et la

Fig. XXI. — Ver à soie. — Grandeur naturelle.

Scandinavie où dominent les arbres résineux, pin et sapin,

ceux de l'Europe centrale, Autriche, Allemagne et Suisse où le chêne, le hêtre et le châtaignier dominent dans les régions basses, le sapin dans les régions élevées; enfin la France et la Turquie où croissent toutes les essences européennes, depuis le pin jusqu'au chêne-liége.

Animaux domestiques. — Les races d'animaux domestiques, le bœuf, le mouton, le cheval, la chèvre, le porc, sont répandues dans toute l'Europe, mais surtout dans les pays du nord-ouest et du centre et dans les steppes immenses de la Russie; tandis que l'éducation du ver à soie, celle des abeilles sont plutôt concentrées dans les pays du midi. Les contrées du nord, la Scandinavie et la Russie septentrionale ont réduit à l'état de domesticité un animal inconnu à nos climats, le *renne*, qui remplace pour ces pays

Fig. XXII. — Le loup (hauteur de la figure prise sur le dos 3 centimètres et demi, hauteur réelle 65 à 70 centimètres).

déshérités toutes les autres races domestiques, le bœuf et le mouton par son lait, sa viande et sa peau, le cheval par sa rapidité à la course et sa force qui permet de l'employer à tirer les traineaux dont se servent les habitants.

Animaux sauvages. — Quant aux races sauvages, celles qui servent à la nourriture de l'homme, le cerf, le chevreuil, le lièvre, le sanglier, le gibier à plumes, abondent surtout dans les vastes forêts de la Russie, de l'Allemagne, de l'Autriche et de la Turquie ; les animaux à fourrures, l'écureuil, la martre, qui se rencontrent même en France, vivent de préférence dans les forêts de l'Europe septentrionale ; les seuls animaux féroces sont le loup, très-rare en France, inconnu aujourd'hui en Angleterre, mais qui parcourt encore en troupes nombreuses les forêts et les plaines de la Russie et de l'Allemagne orientale, et l'ours, qui se rencontre assez souvent dans les Pyrénées, dans les Alpes, dans les Carpathes, mais qui vit surtout en Russie et en Scandinavie.

Fig. XXIII. — Le sanglier. (Même taille que le cochon domestique.)

Productions minérales. — La distribution des richesses minérales (pierres, métaux, charbon de terre, etc.), dépend non du climat, mais de la nature du terrain. Pauvre en métaux précieux tels que l'or et l'argent, l'Europe possède au contraire en abondance les métaux tels que le *fer*, le *cuivre*, le *plomb*, le *zinc* ; les diverses espèces de charbons de terre et surtout la *houille* (Grande-Bretagne, Belgique, Allemagne, France) ; les mines de *sel*, les gisements de *soufre* (Sicile et Italie), les carrières de *marbres* (Italie et Grèce), d'*ardoises* (France) et de pierres de taille.

RÉSUMÉ.

Géographie physique de l'Europe.

PREMIÈRE ET DEUXIÈME LEÇONS.

BORNES. — L'Europe a pour bornes : au *nord* l'océan Glacial arctique et l'océan Atlantique ; à l'*ouest*, l'océan Atlantique ; au *sud*, la mer Méditerranée, la mer Noire et les monts Caucase ; à l'*est*, la mer Caspienne et les monts Ourals qui la séparent de l'Asie. Sa *superficie* est de dix millions de kilomètres carrés.

MERS SECONDAIRES, GOLFES, DÉTROITS. — L'**océan Glacial** forme la *mer Blanche*. L'**océan Atlantique** forme la *mer Baltique*, qui communique avec la mer du Nord par les détroits du *Skager-Rack* et du *Sund*, et dont le principal golfe est celui de *Finlande*; la *mer du Nord*, qui communique avec la Manche par le détroit du *Pas-de-Calais*, et dont le principal golfe est le *Zuiderzée*; la *Manche*, la *mer d'Irlande*, la *mer de France*, le *golfe de Gascogne*.

La **Méditerranée** communique avec l'Atlantique par le détroit de *Gibraltar*; elle forme les *golfes du Lion* et de *Gênes*, la *mer Tyrrhénienne*, la *mer Adriatique*, la *mer Ionienne* (golfes de *Tarente* et de *Lépante*), réunies par le détroit ou canal d'*Otrante*; l'*Archipel*, qui communique avec la mer Noire par le détroit des *Dardanelles*, la *mer de Marmara* et le *Bosphore*; la *mer Noire*, la *mer d'Azof*, réunies par le détroit de *Kertch*.

LES PRINCIPALES ÎLES sont : dans la *Baltique*, l'Archipel danois ; dans la *mer du Nord* et l'*Atlantique*, les îles Britanniques ; dans la *Méditerranée occidentale*, les îles Baléares, la Corse, la Sardaigne, la Sicile séparée de l'Italie par le détroit de *Messine* ; dans la *mer Ionienne*, les îles Ioniennes ; dans la *Méditerranée méridionale*, l'île de Malte, Candie ; dans l'*Archipel*, les Cyclades, l'Eubée.

PRESQU'ÎLES ET ISTHMES. CAPS. — On doit citer les *grandes péninsules : Scandinave*, dont la pointe la plus septentrionale est le *cap Nord. Danoise* terminée par le cap *Skagen*, dans le versant de l'Atlantique ; *Espagnole* terminée au nord-ouest par le cap *Finisterre*, entre l'Atlantique et la Méditerranée ; *Italienne, Hellénique* (presqu'île de *Morée*, terminée au sud par le cap *Matapan* et rattachée à la Grèce par l'*isthme de*

Corinthe), dans le versant de la Méditerranée ; la presqu'île de *Crimée*, rattachée à la Russie par l'*isthme de Pérécop*, dans la mer Noire.

TROISIÈME, QUATRIÈME ET CINQUIÈME LEÇONS.

RELIEF DU SOL. — **Les principaux groupes de montagnes de l'Europe sont :**

1° Au sud-ouest le GROUPE ESPAGNOL (*Sierra Nevada* et *Pyrénées espagnoles et françaises*) ; au centre de la péninsule s'étend un plateau élevé en moyenne de plus de 600 mètres, le *plateau des Castilles*.

2° A l'ouest le GROUPE FRANÇAIS, *Cévennes*, volcans éteints du *massif central français, Vosges*.

3° Au centre le système des ALPES, les plus hautes montagnes de l'Europe, dont la chaîne principale, couverte de neiges et de glaciers, se recourbe en demi-cercle depuis le golfe de Gênes jusqu'à l'Adriatique, sous les noms : 1° d'*Alpes occidentales* jusqu'au mont Blanc (4,810 mètres) le plus haut sommet des Alpes (col du mont Cenis) ; 2° d'*Alpes centrales* depuis le mont Blanc jusqu'au massif des Tauern (mont Rose, col du Simplon, col et massif du Saint-Gothard, col du Brenner) ; 3° d'*Alpes orientales*, depuis les Tauern jusqu'à l'Adriatique.

Au nord des Alpes s'étendent les *plaines élevées* de la *Suisse* septentrionale, limitées à l'ouest par la chaîne du *Jura*, et les *plateaux* de l'*Allemagne* méridionale et centrale.

4° Vers le sud, les *Alpes occidentales* se prolongent jusqu'aux extrémités de l'Italie par la chaîne et les plateaux des APENNINS. Les deux volcans du *Vésuve* en Italie et de l'*Etna* en Sicile appartiennent au système des Apennins.

5° Vers le sud-est, les *Alpes orientales* se prolongent, le long de l'Adriatique, jusqu'au massif d'où se détachent les BALKANS et les ALPES HELLÉNIQUES.

6° Au centre même de l'Europe s'élève le groupe de la BOHÊME, rattaché aux Alpes par une série de hauteurs qui sillonnent les *plateaux de l'Allemagne centrale*.

7° Le groupe de la Bohême est lié à celui des CARPATHES, plateaux boisés dont le versant occidental s'efface dans les *plaines de Hongrie*. Au nord des montagnes de la Bohême et des Carpathes s'étendent les *plaines de l'Allemagne du Nord et de la Pologne*.

8° et 9° A l'est de l'Europe s'étend l'immense *plaine de la Russie*, qui se termine à l'orient par les monts Ourals et par la *dépression* de la Caspienne, au sud par le Caucase (point culminant 5,660 mètres) et par la mer Noire.

10° Au nord, la péninsule scandinave est traversée par la chaîne et les plateaux neigeux des Alpes Scandinaves.

11° Au nord-ouest s'élèvent les montagnes de l'Ecosse (Grande-Bretagne).

12° Sur la limite de l'océan Atlantique et de l'océan Glacial l'île d'Islande renferme des montagnes élevées et volcaniques (volcan de l'*Hécla*).

SIXIÈME ET SEPTIÈME LEÇONS.

L'Europe a deux grands versants, l'un incliné vers le nord-ouest, l'autre vers le sud-est.

Principaux Fleuves. Versant nord-ouest. — *Océan Glacial et mer Blanche*, Petchora, Dwina (Russie). — *Baltique*, Néva, Duna, Niémen (Russie), Vistule, Oder (Allemagne du Nord). — *Mer du Nord*, Elbe, Weser (Allemagne du Nord); Rhin, qui prend sa source au Saint-Gothard en Suisse, forme le lac de Constance, et reçoit à gauche l'Aar (Suisse), déversoir des lacs de la Suisse et la Moselle (France et Allemagne), à droite le Main (Allemagne). Il se divise, avant d'aboutir à la mer du Nord, en plusieurs bras dont le principal est le Waal. Le Rhin traverse la Suisse, l'Allemagne et les Pays-Bas (1,300 kilomètres); Meuse, qui se confond avec le Waal, Escaut (France, Belgique et Pays-Bas), Tamise (Angleterre). — *Manche*, Seine (France). — *Océan Atlantique occidental*, Loire et Garonne (France), Douro, Tage, Guadiana, Guadalquivir (Espagne).

Versant sud-est. — *Mer Méditerranée occidentale*, Ebre (Espagne), Rhône (Suisse et France). — *Mer Tyrrhénienne*, Tibre, qui descend de l'Apennin (Italie). — *Adriatique*, Pô, qui prend sa source dans les Alpes, coule de l'ouest à l'est et forme à son embouchure de vastes lagunes (Italie). — *Archipel*, Maritza, qui descend des Balkans (Turquie). — *Mer Noire*, Danube, le second fleuve d'Europe, qui naît dans la Forêt-Noire (Allemagne), coule de l'ouest à l'est en franchissant plusieurs défilés, et reçoit les eaux d'une partie des Alpes, du groupe de Bohême, des Carpathes et des Balkans (2,800 kil. Allemagne, Autriche, Roumanie, Bulgarie), Dniester, Dniéper (Russie). — *Mer d'Azof*, Don (Russie). — *Mer Caspienne*, Volga, le plus grand fleuve d'Europe, qui sort du plateau de Waldaï et coule du nord-ouest au sud-est (3,800 kil.), Oural (Russie).

PRINCIPAUX LACS. — Onéga, Ladoga, le plus grand de l'Europe (Russie), Wetter, Wener, Mœlar (Suède). Lacs de Genève, de Constance, de Zurich, des Quatre-Cantons, de Neuchâtel (Suisse). Lacs Majeur, de Côme, de Garde (Italie).

HUITIÈME LEÇON.

POPULATION. PRINCIPALES LANGUES. — La population totale de l'Europe est d'environ 320 millions d'habitants. Les principales familles de langues sont les langues : *Slaves* (Russie, Autriche, Turquie); *germaniques* (Allemagne, Autriche, Suisse, Scandinavie, Iles Britanniques) et *latines* (France, Belgique, Suisse, Espagne, Portugal, Italie, Roumanie).

CLIMAT ET PRODUCTIONS. — Le climat de l'Europe, en général tempéré, est chaud sur les bords de la Méditerranée, tempéré et humide sur ceux de l'océan Atlantique, plus sec et plus froid dans l'intérieur du continent. Les productions des régions froides sont l'orge, l'avoine, le sapin ; celles des régions chaudes, la vigne, le mûrier, l'olivier, l'oranger; celles des régions moyennes, le froment, la pomme de terre, la betterave, le houblon, la vigne, le lin, le chanvre, le tabac, et parmi les arbres le chêne, le châtaignier, etc.

ANIMAUX DOMESTIQUES. — Le bœuf, le mouton, le porc, le cheval, vivent dans toute l'Europe, mais surtout dans les régions du nord-ouest, du centre et de l'est; le bétail est moins nombreux dans la région du Midi, la seule où on puisse élever le *ver à soie*.

ANIMAUX SAUVAGES. — Le gibier abonde dans tous les pays de forêts, les animaux à fourrures dans le nord de l'Europe. Les seuls animaux féroces sont le loup et l'ours.

PRODUCTIONS MINÉRALES. — Les plus importantes sont : parmi les métaux le fer et le plomb, parmi les combustibles minéraux la houille (Angleterre, Belgique, Allemagne, France), parmi les produits des carrières la pierre à bâtir et les marbres (Italie, Grèce).

Questionnaire.

I et II. Quels sont les principaux États de l'Europe? — Quelles sont les bornes de l'Europe? — Quelle est la superficie du continent? — Quelle est la configuration des côtes de l'Europe? — Quel avantage présentent les nombreuses découpures des rivages européens? — Quelles sont les mers secondaires formées par l'océan Glacial arctique? — par l'Atlantique?

— par la Méditerranée? — Indiquer, pour chacune de ces mers, les golfes, détroits principaux, îles, presqu'îles et caps. — Indiquer si les côtes sont élevées et rocheuses ou basses, sablonneuses, marécageuses.

III, IV et V. — Quels sont les principaux groupes de montagnes de l'Europe? — Quelle en est la chaîne la plus élevée? — Quelles sont les grandes divisions de la chaîne principale des Alpes? — Quels sont les sommets et les cols les plus importants? — Quels sont ceux que franchissent des voies ferrées? — Quel est le point le plus élevé de la chaîne des Alpes? — Qu'entend-on par glaciers, avalanches? — Quels sont les deux grands rameaux méridionaux qui forment le prolongement des Alpes? — Quels sont les volcans qui dépendent du groupe des Apennins? — Où est situé l'Etna? — Quelle est la disposition des montagnes qui entourent la Bohême? — Quel est l'aspect des Carpathes? — En quoi diffère-t-il de celui des Alpes? — Dans quel sens se dirigent les Pyrénées franco-espagnoles? — Quel est le sommet le plus élevé des Pyrénées? — Que signifie le mot Sierra? — Quels sont les principaux massifs montagneux de la Grande-Bretagne? — D'où vient le nom d'Alpes scandinaves? — Quel est l'aspect de cette chaîne? — Trouve-t-on dans l'intérieur de la Russie de véritables montagnes? — Quelle est la chaîne de montagnes qui sépare l'Europe de l'Asie septentrionale? — Quelle est la chaîne de montagnes qui sépare l'Europe de l'Asie occidentale? — Quel est le principal volcan de l'Islande? — Quels sont en Europe les pays de montagnes? — Quels sont les pays de plaines? — Toutes les parties de l'Europe sont-elles situées au-dessus du niveau de la mer? — Quelle est la partie la plus basse de l'Europe? — Quels sont les principaux plateaux de l'Europe?

VI et VII. — En combien de grands versants l'Europe est-elle divisée? — Quelles sont les hauteurs qui forment la ligne de partage des eaux? — Quels sont les principaux fleuves qui se jettent dans... (Indiquer le nom de la mer? — Décrire en particulier le cours du Rhin et ses embouchures. Décrire le cours du Pô. Décrire le cours du Danube. Décrire le cours du Volga et ses embouchures. — Quels sont les fleuves les plus longs de l'Europe? — Quels sont les plus importants au point de vue du commerce? — Quels sont en Europe les principaux pays de lacs? — Indiquer la situation des lacs les plus importants. — En existe-t-il en France? — Quels sont les pays où existent de grands marécages?

VIII. — A quelle race appartiennent les populations européennes? — En combien de grandes familles peut-on diviser les langues européennes? — Quels sont les pays où l'on parle les langues germaniques? — Quels sont les principaux climats de l'Europe? — Quels sont les pays qui produisent le plus de froment? — Quels sont les pays qui cultivent le plus la pomme de terre, la vigne, le houblon?... — Le coton réussit-il en Europe? — Quels sont les principaux pays de forêts? — Dans quels pays élève-t-on des vers à soie? — Quelles sont les régions les plus riches en gibier? — Quels sont les animaux féroces qui vivent encore en Europe? — Quels sont les pays qui exploitent le plus la houille? — Les marbres?

Exercices.

Indiquer et écrire sur une carte muette de l'Europe les mers secondaires, les caps, les îles, détroits, presqu'îles, etc. — Indiquer sur une carte d'Europe, par des teintes différentes, les pays de montagnes, les plateaux et les plaines basses. — Tracer sur une carte muette de l'Europe le cours des principaux fleuves, et indiquer les lacs les plus importants.

CHAPITRE II

NOTIONS SOMMAIRES DE GÉOGRAPHIE POLITIQUE

I

La **Région du Nord-Ouest et de l'Ouest** comprend quatre Etats :

1. Le **Royaume-Uni de Grande-Bretagne et d'Irlande** (Iles Britanniques) est borné : au nord et à l'ouest, par l'*océan Atlantique*; au sud, par la *Manche*; à l'est par la *mer du Nord*. L'étendue de son territoire ne représente pas les deux tiers de celle de la France.

La *Grande-Bretagne* (Angleterre et Ecosse), la plus considérable des iles du groupe britannique, est un pays de vallons et de plaines dont les parties les plus élevées sont les montagnes du *Pays de Galles*, à l'ouest, et les monts *Grampians*, au nord (en Ecosse). L'Irlande est une plaine peu élevée, sauf sur quelques points du littoral.

Les Iles Britanniques, avec leur climat brumeux, leur sol humide et peu fertile, doivent cependant à une admirable culture et à des prairies qui nourrissent les plus beaux bestiaux de l'Europe, une prospérité agricole qui n'est surpassée que par leurs richesses minérales. Des mines de houille qui produisent 120 millions de tonnes par an (1), d'abondantes mines de fer, de cuivre, y ont développé une activité industrielle qui alimente à son tour un commerce sans rival favorisé par un réseau de chemins de fer, de canaux, et par une situation maritime unique en Europe.

Le royaume est divisé en comtés plus petits que nos départements.

La capitale est **Londres** (3,800,000 habitants), en Angleterre, sur la Tamise, à 78 kilomètres de la mer du Nord, la première ville de commerce et d'industrie et la plus peuplée du monde entier.

L'ancienne capitale de l'Ecosse est *Edimbourg* (230,000 habitants), sur les pentes de deux collines escarpées que domine une antique forteresse, et celle de l'Irlande, *Dublin* (350,000 habitants), sur la mer d'Irlande.

---

(1) Nos mines de France n'en produisent que 15 millions par an.

Les villes qui comptent plus de 200,000 habitants sont, en Angleterre : *Liverpool* (550,000 habitants), port sur la mer d'Irlande, qui rivalise avec Londres ; *Bristol* sur un golfe formé par la rivière de la *Severn* qui se jette dans l'Atlantique ; *Manchester* (520,000 habitants), ville de manufactures et d'usines, sans rivale pour la filature et le tissage du coton ; *Birmingham,* le premier centre industriel de l'Europe pour la quincaillerie et les armes ; *Sheffield,* pour la fabrication de l'acier ; *Leeds,* pour les lainages et les toiles ; en Ecosse : *Glasgow* (515,000 habitants), port de commerce et ville d'industrie, sur la Clyde, à peu de distance de l'Atlantique ; en Irlande : *Belfast* sur la mer d'Irlande.

Les principales villes qui comptent plus de 100,000 habitants sont : en Angleterre, les ports de *Newcastle,* de *Sunderland* et de *Hull,* sur la mer du Nord, de *Plymouth* et de *Portsmouth,* sur la Manche, arsenaux et ports militaires ; les villes industrielles de *Bradford,* de *Stoke,* de *Leicester,* de *Nottingham;* en Ecosse, *Dundée* et *Aberdeen,* sur la mer du Nord, renommés pour leurs toiles.

La population totale est de 35 millions d'habitants. La majorité est protestante dans la Grande-Bretagne et catholique en Irlande.

2. Le royaume des Pays-Bas ou de **Hollande** est borné : au nord et à l'ouest, par la mer du Nord ; au sud, par la Belgique ; à l'est par la Prusse.

C'est un pays de peu d'étendue, formé de plaines basses et humides, en partie au-dessous du niveau de la mer, conquis lentement sur l'Océan et défendu par des digues qui retiennent les eaux. La Hollande doit sa prospérité à la pêche, au commerce et à l'agriculture plutôt qu'à l'industrie. La résidence du gouvernement est **La Haye;** les villes les plus importantes : **Amsterdam,** sur le golfe du *Zuiderzée* (350,000 habitants), et *Rotterdam,* sur la Meuse, sillonnées l'une et l'autre par d'innombrables canaux.

La population est de 4,200,000 habitants, en majorité protestants.

Le grand-duché de Luxembourg (capitale *Luxembourg),* entre l'empire d'Allemagne, la Belgique et la France, est une possession personnelle du roi des Pays-Bas, mais ne dépend pas de la Hollande.

3. Le royaume de Belgique, l'un des plus petits Etats de l'Europe, est borné : au nord, par les Pays-

Bas ; à l'ouest, par la mer du Nord ; au sud, par la France ; à l'est, par la Prusse.

C'est un pays de plaines, sauf dans la partie orientale, qui est sillonnée par les chaînes des *Ardennes*. Une agriculture prospère, de riches mines de houille dans le *Hainaut* et la province de *Liége,* des mines de fer, de zinc, une industrie non moins active que celle de l'Angleterre, donnent à la Belgique une importance hors de proportion avec son étendue.

La capitale est **Bruxelles** (400,000 habitants, avec les faubourgs) ; les villes de plus de 100,000 habitants sont : *Gand,* sur l'Escaut, centre de la fabrication des étoffes de coton, des dentelles, des toiles ; *Anvers*, grand port sur l'Escaut, et *Liége,* sur la Meuse, avec ses mines de houille, ses forges et ses usines.

La population est de plus de 5 millions et demi d'habitants, en grande partie d'origine et de langue françaises. La majorité est catholique.

4. La **France** est bornée au nord par la Belgique et l'Empire d'Allemagne ; à l'est, par l'Allemagne, la Suisse, dont elle est séparée par le Jura et l'Italie, dont elle est séparée par les Alpes ; au sud, par la Méditerranée, et par les Pyrénées, qui la séparent de l'Espagne ; à l'ouest, par l'océan Atlantique ; au nord-ouest, par la Manche et le pas de Calais, qui la séparent de l'Angleterre.

La capitale est **Paris**, la seconde ville de l'Europe par sa population (2,270,000 habitants).

La population de la France est de près de 38 millions d'habitants, et sa superficie de 528,000 kilomètres carrés.

II

La **Région centrale** comprend trois Etats ou groupes d'Etats.

1. L'**Empire d'Allemagne**, un peu plus grand que la France, est borné : au nord, par la mer du Nord, le Danemark et la mer Baltique ; à l'est, par l'empire Russe ; au sud, par l'empire d'Autriche et la Suisse ; à l'ouest, par la France, la Belgique et la Hollande.

L'Allemagne septentrionale est une vaste plaine sablonneuse et marécageuse sur les bords de la mer ; l'Allemagne du Sud est un plateau dominé par quelques chaînes qui se rattachent au système des Alpes, élevé de 400 à 800 mètres et coupé par deux vallées profondes, celles du Rhin et du Danube. Les forêts, l'éducation du bétail, la culture de la betterave, du lin, de la vigne sur les bords du Rhin, constituent les principales richesses agricoles de l'Allemagne. Elle possède des mines de houille (Prusse), de fer, de plomb, de zinc et de magnifiques salines ; l'industrie des tissus, des fers, du sucre de betterave y est très-active.

L'Allemagne, où règne, depuis 1871, un empereur qui est en même temps roi de Prusse, comprend 26 Etats, qui ont chacun leur gouvernement particulier. Les principaux sont :

1° Au nord, le **royaume de Prusse**, capitale **Berlin**, dans une plaine marécageuse (1,130,000 habitants), le plus grand centre industriel du royaume. Les villes les plus peuplées sont : *Cologne*, sur le Rhin, dans une région importante par ses mines, ses usines métallurgiques, ses fabriques de lainages, de cotonnades et de soieries ; *Hanovre*, capitale d'un ancien royaume conquis par la Prusse ; *Francfort*, sur le Main, affluent du Rhin ; *Stettin*, aux bouches de l'Oder ; *Dantzick*, à l'embouchure de la Vistule, et *Kœnigsberg*, dans la Prusse orientale, ports sur la Baltique ; *Magdebourg*, sur l'Elbe, *Breslau*, sur l'Oder, grandes villes industrielles.

2° Les villes libres de **Hambourg** (290,000 habitants), sur l'Elbe, et de **Brême**, sur le Weser, sont les ports les plus fréquentés de l'Allemagne.

3° A l'est, le **royaume de Saxe** a pour capitale *Dresde* (220,000 habitants), sur l'Elbe ; pour ville principale, *Leipzick*, centre du commerce de la librairie allemande.

4° et 5° Au sud, sont situés le **royaume de Wurtemberg**, capitale *Stuttgard* ; et le **royaume de Bavière**, capitale *Munich* (230,000 habitants), le foyer des arts en Allemagne.

6° et 7° A l'ouest sont situés les *grands-duchés* de **Hesse** et de **Bade**.

8° Le gouvernement d'**Alsace-Lorraine**, enlevé à la France en 1871, et dont les principales villes sont les places fortes de *Strasbourg*, près du Rhin, et de *Metz*, sur la Moselle, est une dépendance du nouvel empire.

La population de l'Allemagne est de 45 millions d'habitants, catholiques dans le sud, protestants dans le nord.

2. L'empire d'**Autriche-Hongrie**, plus grand que l'Allemagne, est borné : au nord, par l'Allemagne et l'empire Russe ; à l'est, par la Russie ; au sud, par la Turquie

EUROPE
Géographie politique
Myriamètres
0 10 20 30 40 50 100
OCÉAN GLACIAL
Islande
Mt Hékla
Laponie
SUÈDE
Finlande
Christiania
Stockholm
St-Pétersbourg
Arkhangel
L. Onega
L. Ladoga
Moscou
Riga
SIBÉRIE
Monts Ourals
Obi F.
Volga
RUSSIE
Mer Caspienne
Astrakhan
M.ts Caucase
Tiflis
OCÉAN ATLANTIQUE
ILES BRITANNIQUES
MER DU NORD
Londres
Manche
ALLEMAGNE
Berlin
FRANCE
Paris
EMPIRE AUSTRO-HONGROIS
Vienne
Bude Pesth
ROUMANIE
Danube
TURQUIE D'EUROPE
MER NOIRE
Plateau d'Anatolie
TURQUIE D'ASIE
Mt Taurus
PERSE
Téhéran
Bagdad
Euphrate
Tigre
PORTUGAL
Lisbonne
Madrid
Dt de Gibraltar
MER MÉDITERRANÉE
Sardaigne
MER TYRRHÉNIENNE
AFRIQUE

d'Europe, la mer Adriatique et le royaume d'Italie ; à l'ouest, par la Suisse et la Bavière.

Les provinces septentrionales de l'empire forment un plateau dont la pente vient mourir dans une vaste plaine arrosée par le Danube ; les provinces méridionales sont couvertes par les rameaux des Alpes, et sillonnées par les affluents du Danube qui y creusent de profondes vallées. L'exploitation des forêts, l'éducation du gros bétail, du mouton et des chevaux, l'extraction du sel, du fer, du mercure, constituent les principales ressources naturelles de l'Autriche, dont l'industrie est en progrès.

La capitale de l'empire est **Vienne**, sur le Danube (1,120,000 habitants avec les faubourgs), située dans une riche plaine qu'entourent des collines boisées.

La capitale du royaume de Hongrie est *Pesth-Bude*, sur les deux rives du Danube (360,000 habitants).

Les principales villes sont : *Trieste*, port sur l'Adriatique, et *Prague*, capitale de la province de Bohême, sur un affluent de l'Elbe.

La population est de 38 millions d'habitants, en majorité catholiques, parlant des langues différentes, l'allemand, le slave, le hongrois, l'italien, le roumain.

3. La **Suisse** ou **Confédération Helvétique** est bornée : au nord, par l'Allemagne ; à l'est, par l'Autriche ; au sud, par l'Italie ; à l'ouest, par la France.

La Suisse est un massif de montagnes couvert en partie de glaciers et de neiges éternelles, creusé de profondes vallées où courent des torrents, et où dorment des lacs (lac de Genève, de Constance, de Zurich, de Neuchâtel), formés par le Rhône, le Rhin et ses affluents. L'éducation du bétail, l'exploitation des forêts sont les seules ressources des populations de la montagne ; la plaine est riche et bien cultivée.

La Suisse, un des plus petits États de l'Europe, est une république fédérale (1) divisée en 22 cantons.

La capitale est **Berne**, sur l'*Aar*, affluent du Rhin ; les villes principales : *Genève*, sur le lac du même nom, célèbre par son horlogerie ; *Zurich*, par ses étoffes de coton ; *Bâle*, sur le Rhin, par ses soieries et ses rubans.

(1) Une république *fédérale* se compose de plusieurs États qui conservent leur gouvernement particulier et leur liberté complète pour les affaires intérieures, mais qui ont en même temps un gouvernement commun chargé de veiller sur les intérêts généraux de la Confédération.

La population est de 2,860,000 habitants parlant, les uns, le français, les autres, l'allemand, en partie catholiques, en partie protestants.

III

La **Région méridionale** comprend cinq Etats ou groupes d'Etats :

1. Le **royaume d'Espagne**, un peu moins grand que la France, est borné : au nord, par les *Pyrénées,* qui le séparent de la France, et par l'Atlantique ; à l'ouest, par le Portugal et l'Atlantique ; au sud, par le détroit de *Gibraltar* ; à l'est, par la Méditerranée.

L'Espagne est un plateau escarpé au sud et au nord, sillonné de vallées profondes, médiocrement cultivé malgré la fertilité des régions méridionale et orientale. Les productions les plus importantes sont les vins, les huiles d'olive, les oranges et autres fruits des pays méridionaux.

On y exploite des mines de plomb, de mercure, de fer. L'industrie est du reste peu avancée.

La capitale est **Madrid**, au centre de l'Espagne, sur un plateau aride et monotone (500,000 habitants) ; les principales villes sont : *Barcelone,* en Catalogne, *Valence* et *Malaga,* ports sur la Méditerranée ; *Cadix,* port de guerre, sur l'Atlantique ; *Séville,* sur le Guadalquivir, dans les riches plaines de l'Andalousie ; *Grenade,* l'ancienne capitale des rois maures (1).

La population est de près de 17 millions d'habitants, presque tous catholiques.

2. Le petit **royaume de Portugal**, situé entre l'Espagne à l'est et l'Atlantique à l'ouest, est un pays de montagnes arrosé par le *Douro* et le *Tage.*

La capitale est **Lisbonne** (250,000 h.), à l'embouchure du Tage ; la seconde ville est *Porto,* sur le Douro, entrepôt du commerce des vins, la principale richesse du Portugal.

La population est de 4,750,000 habitants, de religion catholique.

3. Le **royaume d'Italie**, à peu près aussi grand que le royaume-Uni de Grande Bretagne et d'Irlande, est borné : au nord, par l'Autriche et la Suisse ; à l'ouest, par la France et la mer *Tyrrhénienne,* qui baigne l'île de *Sardaigne* ; au

(1) On appelait ainsi des peuples mahométans ou musulmans venus de l'Afrique et qui furent longtemps maîtres d'une grande partie de l'Espagne.

sud, par la Méditerranée, qui baigne l'île de *Sicile* ; à l'est, par la mer *Adriatique*.

Le Nord de l'Italie est une riche et vaste plaine, couverte de moissons, de vignobles, de plantations d'oliviers et de mûriers, arrosée par le Pô et ses affluents qui sortent des lacs situés au pied des Alpes, et dominée par les cimes neigeuses et les pentes boisées de cette chaîne gigantesque : l'Italie péninsulaire, dont l'arête est formée par les massifs de l'Apennin, est une terre volcanique, entrecoupée de marécages et de plateaux stériles, mais d'une merveilleuse richesse partout où elle est bien cultivée. On y exploite des mines de fer (île d'Elbe), des carrières de marbres et des gisements de soufre, plus abondants encore en Sicile.

La capitale est **Rome**, sur le *Tibre* (275,000 habitants), résidence du pape, la ville du monde la plus riche en souvenirs et en monuments de l'antiquité. Les principales villes sont : les ports de *Gênes*, sur le golfe du même nom, de *Naples* (470,000 habitants), au pied du Vésuve, sur la mer Tyrrhénienne, la ville la plus peuplée de l'Italie ; de *Venise*, la reine déchue de l'Adriatique ; les villes industrielles de *Turin*, sur le Pô, en Piémont ; de *Milan*, en Lombardie ; *Florence*, sur l'*Arno*, en Toscane, célèbre par ses musées, qui le disputent à ceux de Rome ; les ports de *Palerme* et de *Messine*, en Sicile.

La population est de 28,500,000 habitants, catholiques.

4. La **Turquie d'Europe**, en y comprenant la *Principauté* tributaire de **Bulgarie**, et les provinces de *Bosnie* et d'*Herzégovine* occupées par l'Autriche, est bornée : au nord, par la Roumanie, le Danube, la Serbie et l'empire d'Autriche ; à l'ouest, par l'empire d'Autriche, la mer *Adriatique* et la mer *Ionienne* ; au sud, par la Grèce et l'*Archipel* ; à l'est, par la mer *Noire*.

C'est un pays à qui la nature a donné d'admirables ressources, d'immenses forêts, des mines de toute espèce, un sol fertile (céréales, coton, tabac, olivier, mûrier), mais où le manque de routes, l'ignorance des populations, la mauvaise administration ont jusqu'ici paralysé le progrès.

La capitale, **Constantinople** (600,000 habitants), sur le détroit du même nom, est un des plus beaux ports du monde ; les principales villes sont *Andrinople*, sur un affluent de la Maritza, et *Salonique*, port sur l'Archipel.

La population de la Turquie proprement dite, sans la Bosnie et la Bulgarie, est d'environ 5 millions d'habitants, de langue turque, grecque ou slave, et de religion grecque ou musulmane. Le souverain porte le nom de Sultan.

La principauté de **Bulgarie**, entre les monts Balkans et le Danube, a pour capitale *Sophia*. Sa population, dont la majorité appartient à la race slave, est de 2 millions d'habitants.

5. La **Roumanie**, dont la capitale est *Bukharest*, est un Etat de près de cinq millions et demi d'habitants parlant la langue roumaine et professant la religion grecque.

6. La **Serbie** (1,820,000 habitants) a pour capitale *Belgrade*, sur le Danube.

7. Le **Montenegro** (*montagne noire*) est un petit pays de 290,000 habitants, situé au sud de la Bosnie, entre l'Autriche-Hongrie et la Turquie.

8. Le **royaume de Grèce** est borné : au nord, par la Turquie; à l'ouest, par la mer Ionienne ; au sud, par la Méditerranée ; à l'est, par l'Archipel. La Grèce, qui n'a pas de grands fleuves, est couverte de montagnes qui se rattachent à la chaîne des *Alpes helléniques*. Elle possède de riches carrières de marbres; mais l'industrie est presque nulle, et l'agriculture peu avancée.

La population est de 2 millions d'habitants, de langue et de religion grecques.

La capitale est **Athènes** (85,000 habitants), avec le port du *Pirée*, sur l'Archipel, ville aujourd'hui déchue, mais où d'admirables ruines rappellent encore le temps où elle était la reine du monde ancien.

IV

La **Région orientale** ne comprend qu'un Etat, l'**Empire russe**, qui occupe à lui seul la moitié de l'Europe.

La Russie est une immense plaine au climat rigoureux, couverte dans le Nord de forêts de sapins et de tourbières; au centre et à l'ouest, de plantations de lin et de chanvre, de champs de seigle, d'avoine et de froment : au sud, de riches moissons et de magnifiques prairies où paissent d'innombrables troupeaux; au sud-est, de steppes et de marécages. La région de l'Oural abonde en mines de fer, de cuivre et d'or.

La capitale de l'empire est **Saint-Pétersbourg**, bâtie au commencement du XVIIIe siècle par le czar Pierre le Grand, à l'embouchure de la Néva (860,000 habitants). Les villes principales sont : *Moscou* (750,000 habitants), au centre de la Russie ; *Varsovie*, sur la Vistule, en Pologne ; *Riga*, sur la mer Baltique ; *Odessa*, sur la mer Noire ; *Astrakhan*, sur la mer Caspienne, à l'embouchure du Volga.

La population de la Russie d'Europe est de 85 millions d'habitants catholiques en Pologne, schismatiques-grecs dans presque tout le reste de l'empire. Le souverain porte le nom de Czar.

La **Région septentrionale** comprend trois Etats.

1. Le **royaume de Danemark** se compose d'un groupe d'îles situé à l'entrée de la mer Baltique et de la presqu'île du *Jutland*. Il possède en outre l'*Islande*.

La capitale est **Copenhague**, dans l'île de *Seeland* (240,000 habitants).

La population est de 2 millions d'habitants.

2 et **3**. La **Péninsule scandinave**, bornée au nord par l'océan Glacial et l'Atlantique ; à l'ouest, par la mer du Nord ; au sud, par la mer du Nord et la Baltique ; à l'est, par la Russie, est traversée par la chaîne des *Alpes scandinaves*. Couverte de neiges pendant six mois de l'année, la Scandinavie doit cependant à ses riches pêcheries, à son activité maritime, à ses forêts de sapins, à ses mines de fer, une grande importance commerciale. Elle comprend les royaumes : de **Suède**, capitale **Stockholm** (186,000 habitants), sur la *Baltique*, et de **Norvége**, capitale **Christiania**, près de la *mer du Nord*. Ces deux Etats, gouvernés par un même souverain, ont cependant une administration distincte.

La population est de 4,600,000 habitants en Suède, de 1,900,000 en Norvége, presque tous protestants.

RÉSUMÉ.

PREMIÈRE LEÇON.

Les Etats de la région du nord-ouest et de l'ouest sont :

1° Le Royaume-Uni de Grande-Bretagne et d'Irlande (35 millions d'habitants, en majorité protestants). — *Capitale* Londres, sur la Tamise, la ville la plus peuplée de l'Europe. — *Villes principales* : Liverpool, sur la mer d'Irlande ; Bristol, sur l'Atlantique ; Manchester, Leeds, Birmingham, Sheffield, centres industriels, en Angleterre. — Edimbourg, ancienne capitale de l'Ecosse ; Glasgow, en Ecosse. — Dublin et Belfast, sur la mer d'Irlande, en Irlande.

2° Le Royaume de Belgique (5 millions et demi d'habitants, en majorité catholiques), *capitale* Bruxelles. *Villes principales* : Anvers, sur l'Escaut ; Gand, sur l'Escaut ; Liège sur la Meuse, grands centres industriels.

3° Le ROYAUME DES PAYS-BAS ou de HOLLANDE (4,200,000 habitants, en majorité protestants). — *Capitale*, la Haye. *Villes principales* : Amsterdam, sur le Zuiderzée ; Rotterdam, sur la Meuse.

4° La RÉPUBLIQUE FRANÇAISE. *Capitale*, Paris.

DEUXIÈME LEÇON.

Les Etats de la région centrale sont :

1° L'EMPIRE D'ALLEMAGNE (45 millions d'habitants, protestants au nord, catholiques au sud), gouverné par un empereur héréditaire (en même temps roi de Prusse). Il comprend 26 Etats, dont les principaux sont, au nord :

Le ROYAUME DE PRUSSE. — *Capitale*, Berlin. *Villes principales* : Cologne, sur le Rhin ; Breslau, sur l'Oder ; Magdebourg, sur l'Elbe ; Stettin, sur l'Oder ; Dantzick, sur la Vistule.

La ville *libre* de Hambourg, sur l'Elbe.

A l'est, le ROYAUME DE SAXE. — *Capitale*, Dresde, sur l'Elbe. *Ville principale*, Leipzick.

Au sud, le ROYAUME DE BAVIÈRE. — *Capitale*, Munich.

Le ROYAUME DE WURTEMBERG. — *Capitale*, Stuttgard.

A l'ouest, les grands-duchés de *Bade* et de *Hesse*, et l'*Alsace-Lorraine* enlevée à la France.

2° EMPIRE AUSTRO-HONGROIS (38 millions d'habitants, en majorité catholiques). — *Capitale*, Vienne, sur le Danube. *Villes principales* : Pesth-Bude, capitale du royaume de Hongrie, sur le Danube ; Prague, en Bohême ; Trieste, sur l'Adriatique.

3° SUISSE ou CONFÉDÉRATION HELVÉTIQUE (2,860,000 habitants, catholiques ou protestants). — *Capitale*, Berne. *Villes principales* : Zurich, Genève, sur le lac du même nom ; Bâle, sur le Rhin. — Le *gouvernement* est une république fédérale, divisée en vingt-deux cantons.

TROISIÈME LEÇON.

Les Etats de la région méridionale sont :

1° Le ROYAUME D'ESPAGNE (17 millions d'habitants, catholiques). — *Capitale*, Madrid. *Villes principales* : Cadix, sur l'Atlantique ; Valence, Barcelone, sur la Méditerranée.

2° Le ROYAUME DE PORTUGAL (4,750,000 habitants, catholiques). — *Capitale*, Lisbonne, sur le Tage. *Ville principale* : Porto, sur le Douro.

3° Le ROYAUME D'ITALIE (28,500,000 habitants, catholi-

ques). — *Capitale*, Rome, résidence du Souverain Pontife.
Villes principales : Gênes, Naples, sur la mer Tyrrhénienne ;
Venise, sur l'Adriatique ; Turin, sur le Pô, en Piémont ; Milan,
en Lombardie ; Florence, en Toscane ; Palerme, en Sicile.

4° La TURQUIE D'EUROPE proprement dite (5 millions d'habitants, de religion grecque ou musulmane). — *Capitale*,
Constantinople, sur le Bosphore.

Les dépendances de la Turquie sont la *Bosnie*, occupée par
l'Autriche et la principauté tributaire de BULGARIE, *capitale*
Sophia (2 millions d'habitants).

5°, 6° et 7° Les ROYAUMES DE ROUMANIE, *capitale* Bukharest (5 millions et demi d'habitants, de religion grecque) ; de
SERBIE (1,820,000 habitants, de religion grecque), *capitale*
Belgrade ; et la *Principauté* de MONTÉNÉGRO.

8° Le ROYAUME DE GRÈCE (2 millions d'habitants, de religion
grecque). — *Capitale*, Athènes, près de l'Archipel.

QUATRIÈME LEÇON.

Le seul État de la région orientale est l'EMPIRE DE RUSSIE
(85 millions d'habitants, de religion grecque et catholique).
— *Capitale*, Saint-Pétersbourg, sur la Néva. *Villes principales* : Riga, sur la Baltique ; Odessa, sur la mer Noire ; Moscou, dans l'intérieur ; Varsovie, sur la Vistule, en Pologne.

Les États de la région septentrionale sont :

1° Le ROYAUME DE DANEMARK (2 millions d'habitants, protestants). — *Capitale*, Copenhague, dans l'île de Seeland.

2° et 3° Les ROYAUMES DE SUÈDE ET DE NORVÈGE (6,500,000
habitants, protestants). — *Capitales*, Stockholm (Suède),
Christiania (Norvège).

Questionnaire. — Quels sont les États de la région du nord-ouest ?
Quelles sont les limites du Royaume-Uni de Grande-Bretagne et d'Irlande ? Quel en est le climat ? Rappeler les noms des principaux cours
d'eau. Quels sont les pays de plaines ou de montagnes ? — Quelle est la
capitale du Royaume-Uni ? Quels sont les principaux ports ? En indiquer la
situation. — Quelles sont les principales villes d'industrie ? Quelle est l'industrie de Manchester ? de Sheffield ? Quelle est la population du royaume ?
Quelles sont les religions ? Quelles sont les richesses naturelles ? (1)
Quels sont les pays et les grandes villes que l'on traverse pour aller
de France en Turquie en suivant la vallée du Danube ? Quels sont les
pays qu'on traverse pour aller d'Espagne en Hollande par terre ?
Quelles sont les capitales les plus peuplées de l'Europe ?

Exercices. — Indiquer sur une carte muette de l'Europe les limites
approximatives des grands États, les positions des capitales et des villes
les plus importantes. — Voyages sur la carte.

(1) Ces questions peuvent s'appliquer aux autres États.

LIVRE III

L'ANCIEN ET LE NOUVEAU CONTINENT, MOINS L'EUROPE.

CHAPITRE PREMIER

ASIE.

I

Description physique.

Grandes divisions. — On divise ordinairement l'Asie en douze grandes régions :

1°-7° A l'*ouest*, l'Arabie, la Turquie d'Asie, les provinces russes du Caucase, le Turkestan, la Perse, l'Afghanistan et le Béloutchistan.

8° et 9° Au *sud*, l'Indoustan, l'Indo-Chine.

10° et 11° A l'*est*, l'Empire Chinois, le Japon.

12° Au *nord*, la Sibérie.

Limites. Les mers et les rivages. — Les limites générales de l'Asie sont :

Au *nord*, l'**océan Glacial arctique,** dont les côtes sont glacées, presque inhabitées et enveloppées d'éternels brouillards (Sibérie) ; le point le plus septentrional du continent est le cap *Tchéliouskine.*

A l'*est*, le détroit de *Béring* (1), qui sépare l'Asie de l'Amérique, et l'**océan Pacifique** qui forme la *mer du Japon*, la *mer Jaune*, la *mer de Chine* et le golfe *de Siam.*

L'océan Pacifique baigne trois grandes presqu'îles, le *Kamtchatka* (Sibérie) massif de terres volcaniques, la *Corée* entre la mer du Japon et la mer Jaune, et la presqu'île de *Malacca* terminée par le cap *Romania*, entre le golfe de Siam et l'Océan Indien.

---

(1) Béring était un navigateur du xviiie siècle qui explora le premier ce détroit.

ASIE
Géographie Physique
et Politique
Colonies
(F) à la France
(A) à l'Angleterre
(P) au Portugal
OCÉAN GLACIAL ARCTIQUE
MER DE BEHRING
EUROPE
SIBÉRIE
Cercle Polaire Arctique
Monts Ourals
Steppes des Kirghiz
Lac d'Aral
MONGOLIE
Désert de Gobi
MANDCHOURIE
CORÉE
OCÉAN PACIFIQUE
MER DU JAPON
AFRIQUE
MER MÉDITERRANÉE
Isthme de Suez
TURQUIE D'ASIE
PERSE
TURKESTAN
TURKESTAN chinois
THIBET
EMPIRE CHINOIS
La Mecque
Yemen
Bab el Mandeb
INDOUSTAN
Golfe du Bengale
Ceylan (A)
OCÉAN INDIEN
BORNÉO
MER NOIRE
TURQUIE D'ANATOLIE
Taurus
Tiflis
Damas
Bagdad
Équateur
Carte V.

Les principales îles sont le grand *Archipel* du *Japon*, et l'île *Formose*, dans la mer de Chine.

Les côtes élevées et profondément découpées en Sibérie, basses et à demi inondées dans le nord de la Chine, sont rocailleuses, escarpées ou bordées de bancs de sable dans la Chine méridionale et dans l'Indo-Chine, sur les bords du golfe de *Siam*.

Au *sud*, l'Asie a pour bornes le détroit de *Malacca*, au sud de la presqu'île du même nom et l'**océan Indien**, qui baigne l'île de *Ceylan* et les trois grandes péninsules de l'*Indo-Chine*, du *Dékan* et de l'*Arabie* brûlées par le soleil. Le Dékan s'avance entre le *golfe du Bengale* et la mer d'*Oman* et se termine par le cap *Comorin*; l'Arabie s'étend entre la mer Rouge et le *golfe Persique* qui communique avec la mer d'*Oman* par le détroit d'*Ormuz*.

A l'*ouest*, entre l'Arabie et l'Afrique s'allonge la mer *Rouge* qui communique avec l'océan Indien par le détroit de *Bab-el-Mandeb* (porte des larmes) et que l'isthme de *Suez* sépare de la **Méditerranée**.

Enfin entre l'Europe et l'Asie s'étendent la *Méditerranée*, l'*Archipel* avec leurs nombreuses îles (Chypre, Rhodes, etc.), le détroit des *Dardanelles*, la mer de *Marmara*, le détroit de *Constantinople*, la mer *Noire*, les monts Caucase, la mer *Caspienne*, et les monts Ourals.

La grande presqu'île qui s'arrondit entre la mer Noire, l'Archipel et la Méditerranée porte le nom d'*Asie-Mineure*, ou *Anatolie* (Pays du Levant).

Superficie. — La superficie du continent et des îles qui en dépendent est d'un peu plus de 43 millions de kilomètres carrés. L'Asie est donc au moins quatre fois plus considérable que l'Europe.

Relief du sol. Plaines. Montagnes. Plateaux. — Le nord-ouest de l'Asie, c'est-à-dire la moitié de la Sibérie et la plus grande partie du Turkestan sont des régions de plaines peu élevées au-dessus du niveau de la mer; on trouve encore quelques plaines basses à l'est, en Chine, sur les bords de la mer Jaune, au sud en Indo-Chine et dans l'Indoustan, au sud-ouest dans la Turquie d'Asie; mais les trois quarts du continent sont couverts de montagnes ou de plateaux plus ou moins élevés. A l'ouest et au sud-ouest se dressent trois grands plateaux :

1° L'**Arabie**, région aride, en partie déserte, dont la

pente septentrionale vient mourir dans un océan de sable appelé le désert de Syrie, et dont la pente méridionale plonge par des talus escarpés dans la mer d'Oman.

2° L'**Asie-Mineure**, enveloppée par les chaînes du *Taurus* qui se prolongent vers le sud, le long de la Méditerranée, par les chaînes boisées du *Liban*.

3° La **Perse** ou **Iran** qui se rattache à l'Asie-Mineure par les massifs montagneux de l'Arménie (mont *Ararat*), et qui est en partie couverte de steppes ou de déserts.

4° Au sud, s'élève le plateau du **Dékan** qui a la forme d'un triangle et s'avance dans l'océan Indien.

5° Mais les plus hautes terres de l'Asie occupent à peu près le centre du continent et ont reçu des géographes le nom de **plateau central**. Les limites de ce plateau sont dessinées au nord par les chaînes de montagnes qui marquent les frontières indécises de la Sibérie et de l'empire chinois, et dont les plus connues portent le nom de monts *Altaï* (monts de l'Or) ; à l'est, par celles qui séparent les plaines de la Chine des steppes élevés de la Mongolie (1), et qui se rattachent aux massifs neigeux du Thibet oriental (2). Au sud, se dresse le massif gigantesque des monts *Himalaya*, barrière de neiges et de granit dont le principal sommet, le pic *Everest* ou *Gaurisankar*, le plus élevé du globe, dépasse 8.840 mètres, hauteur presque double de celle du mont Blanc ; à l'ouest, le plateau glacé de *Pamir* et les chaînes sauvages du Turkestan, prolongement des monts *Célestes*, qui traversent de l'est à l'ouest tout le plateau central. Ce nom de plateau est du reste peu exact, car il y a dans cette vaste région des plaines, des montagnes et de véritables plateaux, beaucoup plus bas que les grandes chaînes de montagnes, mais beaucoup plus élevés que l'ensemble de la région. Ainsi, le Thibet central, sur le versant septentrional des monts Himalaya, est une plaine élevée de plus de 4.000 mètres au-dessus du niveau de la mer.

II

Fleuves. Lacs. — Du haut de cette espèce de citadelle, si le regard pouvait percer les montagnes qui lui servent de remparts, on verrait s'étendre au *nord*, dans le versant de l'océan Glacial (Sibérie), des forêts, des marécages, des

(1-2) La Mongolie et le Thibet sont des provinces de l'empire chinois.

plaines immenses qu'arrosent les grands tributaires des mers arctiques, sortis des rameaux de l'Altaï, l'*Obi*, l'*Iénisseï*, qui reçoit les eaux du lac *Baïkal* (Mer riche) et la *Léna*.

A l'*est* et au *sud-est* on suivrait jusqu'à l'**océan Pacifique** l'étroite vallée du fleuve *Amour*, ou fleuve Noir (Sibérie), et les ondulations des riches plaines de la *Chine* et de l'*Indo-Chine* orientale, arrosées par le fleuve *Jaune*, le fleuve *Bleu* et le *Meï-kong* ou rivière de *Cambodge* qui descendent des montagnes du Thibet.

Au *sud*, on verrait se dérouler dans un vaste et fertile bassin (*Indoustan*) les tributaires de l'**océan Indien**, l'*Iraouaddi*, le *Brahmapoutre*, le *Gange* et l'*Indus* sortis de l'Himalaya.

Au *nord-ouest*, le regard plongerait dans un bas-fond (*Turkestan*) où dorment la mer **Caspienne** et le lac d'*Aral* (lac des Aigles) et dont les parties les plus basses sont au-dessous du niveau des mers.

Le plateau de Pamir verse dans le lac d'Aral, le *Sir-Daria* (Fleuve Blanc) et l'*Amou-Daria* (Fleuve Noir).

Le plateau central lui-même n'a pas de très-grands cours d'eau. Mais il est semé de lacs salés et sans écoulement, dont quelques-uns considérables comme le *Kou-Kou-Nour* (lac bleu) et le *Tengri* (lac du Ciel), dans le Thibet, et le lac *Lob*, au pied des monts Célestes.

Des montagnes de l'Arménie descendent le *Tigre* et l'*Euphrate*, qui se réunissent avant de se jeter dans le **golfe Persique**.

D'un des chaînons du Liban sort le *Jourdain* qui va se perdre dans la mer *Morte*, lac volcanique, qui occupe le fond d'une dépression située à 390 mètres au-dessous du niveau de la Méditerranée.

Configuration générale de l'Asie. — La masse compacte du continent asiatique contraste avec la charpente légère et les innombrables découpures du continent européen : au premier coup d'œil jeté sur une carte on devine les difficultés qu'opposent, aux relations par terre, des montagnes gigantesques, des steppes, des déserts, et par-dessus tout, l'immensité des distances : aussi, malgré la disposition peu favorable des côtes, on comprend que c'est vers la mer qu'a dû se porter l'activité commerciale, et que l'importance des pays de l'intérieur ne saurait rivaliser avec celle des régions maritimes.

III

Climat, productions. Animaux domestiques et sauvages. — L'Asie, qui s'étend des régions polaires à l'équateur, réunit tous les climats, tous les terrains, toutes les productions. Elle est partagée en deux grandes zones par une ligne qui, partant du nord de l'archipel Japonais, descendrait vers le sud-ouest en traversant obliquement l'empire chinois et couperait la mer Caspienne. Dans la zone septentrionale, le pays des neiges et des longs hivers, croissent l'orge, l'avoine, les forêts de sapins et de bouleaux qui finissent par disparaître dans les marécages glacés de la Sibérie. Sur la limite des deux régions (sud de la Sibérie, nord de la Chine, Turkestan) réussissent les plantes et les arbres des climats

Fig. XXIV. — Maïs (la long. de la tige est de 60 cent à 2 m.; celle de l'épi de 10 à 20 c.).

Fig. XXV. — Riz (hauteur de la tige, 1 mètre).

tempérés. La zone méridionale, qui n'a que deux saisons, celle des pluies et celle de la sécheresse, produit le riz et le maïs, qui y remplacent le froment, l'arbre à thé qui réussit surtout dans les régions tempérées de la Chine, et dont la feuille séchée sert à préparer cette boisson aromatique si connue aujourd'hui en Europe, la canne à sucre, le café (Ceylan et Arabie), le camphre, la cannelle, le pavot blanc dont le suc fournit l'opium ; l'indigo et la garance qui donnent de belles teintures, le coton et le chanvre, le palmier et le cèdre, les rois des forêts asiatiques.

Les hauts plateaux du Thibet, les steppes du plateau central, la *Terre des Herbes*, comme l'appellent les Chinois, tour à tour brûlés par le soleil ou couverts de neiges et de glaces, se revètent d'immenses pâturages où errent des troupeaux de chevaux sauvages et de chèvres à l'épaisse toison.

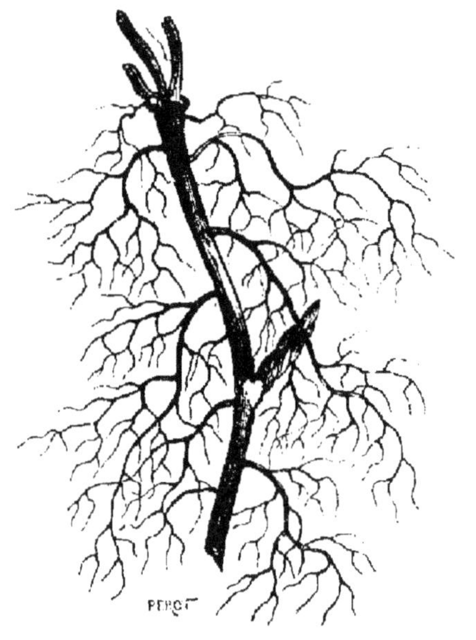

Fig. XXVI. — Racine de garance. (La racine est de la grosseur d'un tuyau de plume.)

Tous nos animaux domestiques sont répandus en Asie, plusieurs et parmi eux le cheval en sont originaires ; les laines du Thibet, les soies de la Chine et du Japon le disputent à celles de l'Europe ; aux races européennes il faut ajouter le chameau, si précieux dans ces déserts de sable et dans ces steppes sans fin, où le commerce ne se fait que par caravanes (1), et où on l'emploie pour tous les transports.

Les races sauvages sont encore nombreuses et redoutables : l'ours blanc en Sibérie, le lion en Arabie, le tigre dans les Indes, le crocodile dans les fleuves de l'Asie méridionale, les serpents et les insectes venimeux ; quelques-unes cependant fournissent à l'homme de précieuses ressources : l'éléphant dompté est devenu, dans l'Inde, bête de somme et de trait ; l'autruche des déserts de Syrie et d'Arabie livre au chasseur

(1) On appelle caravane une troupe de marchands ou de voyageurs qui se réunissent pour traverser des pays déserts ou parcourus par des tribus barbares.

son duvet et ses plumes : la martre et l'hermine de Sibérie
leurs magnifiques fourrures ; enfin la mer apporte aussi son

Fig. XXVII. — Chameau (hauteur mesurée au garrot, 2 mètres 50).

contingent de richesses, les éponges de la Méditerranée et les
perles de l'île de Ceylan (océan Indien).

Fig. XXVIII. — Tigre (longueur du museau à la queue, plus de 2 m.)

Les productions minérales de l'Asie sont peu connues, et

encore moins exploitées, sauf les mines d'or, d'argent et de cuivre de la Sibérie et les diamants de l'Indoustan.

Population. Races principales. — La population de l'Asie, évaluée à plus de 750 millions d'habitants, dont près de 400 pour la Chine et 260 pour l'Indoustan, appartient à deux grandes races : à l'ouest et au sud la **race blanche** qui comprend les populations de la *Turquie d'Asie*, de l'*Arabie*,

Fig. XXIX. — Éléphant (hauteur mesurée à l'épaule, 3 mètres).

de la *Perse*, du *Turkestan*, de l'*Afghanistan* (contrées où domine la religion musulmane) et d'une partie de l'*Indoustan* (religion brahmaniste);

A l'est, au nord et au sud-est, la **race jaune** ou **mongolique** qui comprend les populations indigènes de la *Sibérie*, de la *Chine*, du *Japon* et de l'*Indo-Chine*, pays où domine le bouddhisme.

IV

Géographie politique.

1

Les Etats de la région occidentale et centrale sont :

1° L'**Arabie**, plateau au climat sec et brûlant, partagé

entre des tribus nomades, quelques Etats indépendants et plus civilisés, et l'empire Turc à qui appartiennent les villes de *La Mecque* et de *Médine*, fameuses par la naissance et le séjour de Mahomet. L'Angleterre possède sur le détroit de Bab-el-Mandeb le port d'*Aden*, qui commande l'entrée de la mer Rouge. Le café, la gomme, les chevaux, les plumes d'autruches sont les principaux objets de commerce.

Fig. XXX. — Cocotier.

2° La **Turquie d'Asie,** qui fait partie de l'Empire turc et dont les villes les plus connues sont : *Trébizonde* sur la mer Noire, *Smyrne* sur l'Archipel, en Asie Mineure; *Beyrouth* sur la Méditerranée et *Damas* en Syrie, *Jérusalem,* en Palestine, enfin *Bagdad* sur le Tigre, autrefois la plus puissante ville de l'Asie.

L'île de *Chypre* est occupée par les Anglais.

La Turquie d'Asie produit le coton, la garance, la soie, les laines, les huiles d'olives, les fruits (figues et raisins) et le tabac.

3° Les **Provinces russes** du Caucase, pays de montagnes sauvages et de vallées fertiles, capitale *Tiflis.* Villes principales : *Batoum*, sur la mer Noire, et *Kars*, en Arménie.

4° La **Perse,** Etat indépendant dont la capitale est *Téhéran* et dont le souverain est désigné sous le nom de *shah* ou seigneur.

5° et 6° Le **Turkestan,** pays en partie occupé par les Russes, en partie indépendant, et qui n'a guère de relations qu'avec la Russie. La principale ville du Turkestan indépendant est *Boukhara :* le chef-lieu des possessions russes est *Tachkend.*

7° L'**Afghanistan,** plateau sablonneux au sud et à l'ouest, montagneux et bien arrosé au nord et à l'est. Ce pays est dominé par l'influence anglaise. Les principales villes sont *Hérat* et *Caboul.*

8° Le **Béloutchistan**, au sud de l'Afghanistan, habité par des tribus nomades, est baigné par la mer d'Oman.

II

Les États de la région méridionale sont :

1° L'**Indoustan**, dont la superficie est sept fois plus considérable que celle de la France, partagé entre diverses dominations : 1° des colonies *françaises*, qui ont pour chef-lieu le port de *Pondichéry* ; 2° des établissements *portugais* ; 3° les *Possessions anglaises*, dont la capitale est *Calcutta*, sur le Gange,

les principaux ports *Bombay* sur la mer d'Oman et *Madras* sur le golfe du Bengale, et qui comprennent presque tout l'Indoustan ; 4° un petit nombre d'Etats indépendants ou protégés par l'Angleterre.

L'Inde produit en abondance : le riz, le café, la canne à sucre, le poivre, le coton, l'indigo (teinture bleue extraite des feuilles de l'indigotier) ; l'opium, suc du pavot blanc que les Chinois fument comme le tabac,

Fig. XXXI. — Cotonnier (hauteur totale de l'arbrisseau, 1ᵐ,80 à 2 mètres).

malgré les propriétés nuisibles de cette substance ; les diamants, les perles. On y fabrique les fameux châles de Cachemire.

2° L'**Indo-Chine**, occupée par les Anglais (*Rangoum* sur l'Iraouaddi et *Singapour* dans une ile du détroit de Malacca), par les Français (*Basse-Cochinchine*, capitale *Saïgon* dans le delta du *Mei-Kong*, royaumes du *Cambodge* et d'*Annam*, province du *Tonkin*, capitale *Hanoï*), et par des Etats indépendants (royaumes de *Birmanie* et de *Siam*), et qui produit le riz, les bois et l'étain. La principale ville indigène est *Bangkok*, capitale du royaume de Siam, sur le fleuve *Meïnam*.

III

Les Etats de la région orientale sont :

1° **L'Empire chinois,** aussi grand que toute l'Europe, et dont la population s'élève à près de 400 millions d'habitants.

La capitale est *Pékin ;* les principaux ports fréquentés par les Européens : *Chang-Haï,* et *Canton*, sur l'océan Pacifique et *Han-Keou* sur le fleuve *Bleu.* Plusieurs villes ont plus d'un million d'habitants

La Chine proprement dite, admirablement cultivée, produit le riz, principale nourriture des habitants, le thé qui leur sert de boisson, le camphrier, le coton. La soie est originaire de Chine, et la fabrication des soieries, de la porcelaine, du papier, des meubles en laque, des couleurs, y est poussée à un haut degré de perfection.

Fig. XXXII. — Thé (hauteur de l'arbrisseau, 1 mètre à 1",50,.

2° Le **Japon,** archipel situé dans l'océan Pacifique, et dont la capitale est le port d'*Yedo* ou *Tokio,* les principaux ports *Osaka* dans la grande île de *Niphon,* près de *Miako,* ancienne capitale de l'empire japonais, et *Nagasaki,* dans l'île de *Sikhok.*

Les principaux produits du pays, un des plus civilisés de l'Orient, sont la soie et le thé.

IV

La région septentrionale est occupée tout entière par la **Sibérie,** possession russe beaucoup plus grande que l'Europe. La ville la plus importante est *Irkhoutsk* près du lac *Baïkal*.

Les bois, les fourrures et les produits des mines sont les seules richesses de cette vaste région, glacée et presque déserte, dans sa partie septentrionale.

RÉSUMÉ.

PREMIÈRE ET SECONDE LEÇONS.

Bornes. Détroits. — L'Asie est bornée : au nord par l'océan Glacial arctique ; à l'est par le détroit de Behring et l'océan Pacifique ; au sud par le détroit de Malacca et l'océan Indien ; à l'ouest par le détroit de Bab-el-Mandeb, la mer Rouge, l'isthme de Suez qui la rattache à l'Afrique, la mer Méditerranée, le détroit des Dardanelles, la mer de Marmara, le détroit de Constantinople, la mer Noire, les monts Caucase, la mer Caspienne et les monts Ourals qui la séparent de l'Europe.

Les Mers secondaires et grands Golfes sont : la mer du *Japon*, la *mer Jaune*, la *mer de Chine* et le golfe de *Siam*, formés par l'océan Pacifique ; le golfe du *Bengale*, la mer d'*Oman*, le golfe *Persique* et la mer *Rouge*, formés par l'océan Indien.

Les principales îles sont : dans l'océan Pacifique, l'archipel du *Japon* ; dans l'océan Indien, l'île de *Ceylan* ; dans la Méditerranée, l'île de *Chypre*.

Les principales presqu'îles sont : l'Asie Mineure (Méditerranée), l'Arabie, le Dékan, l'Indo-Chine avec la presqu'île de Malacca (océan Indien), la Corée et le Kamtchatka (océan Pacifique).

Les principales chaînes de montagnes sont, outre les monts *Ourals* et le *Caucase*, celles qui dessinent les grands plateaux de l'Asie : 1° au sud-ouest, le plateau sablonneux de l'*Arabie* ; 2° au sud, le plateau du *Dékan* ; 3° à l'ouest, le plateau de l'*Asie-Mineure*, sillonné par les chaînes du *Taurus* et d'où se détachent celles du *Liban* et des montagnes de l'*Arménie* ; 4° le plateau de la *Perse* ou de l'*Iran* ; 5° le *plateau central*, le plus élevé de tous, traversé par les monts *Célestes* et limité au nord par le massif de l'*Altaï*, au sud par celui de l'*Himalaya*, dont le principal pic, le *Gaurisankar*, est la plus haute montagne du monde (8,840 mètres). Les parties les plus élevées du plateau central sont le plateau de *Pamir* et les plateaux du *Thibet*.

Les pays de plaines basses sont : au nord la *Sibérie*, à l'est la *Chine*, au sud l'*Inde septentrionale*, au sud-ouest la vallée inférieure de l'*Euphrate*, au centre le *Turkestan*.

Les principaux FLEUVES sont : 1° dans le versant de l'océan Glacial arctique, l'*Obi*, l'*Iénisséi* et la *Léna*; 2° dans le versant de l'océan Pacifique, l'*Amour*, le fleuve *Jaune*, le fleuve *Bleu* et le *Meï-Kong*; 3° dans le versant de l'océan Indien, l'*Iraouaddi*, le *Brahmapoutre*, le *Gange*, l'*Indus*, le *Tigre* et l'*Euphrate*; 4° dans le bassin intérieur de la Caspienne et du lac d'Aral, le *Sir-Daria* et l'*Amou-Daria*, qui se jettent dans le *lac d'Aral*.

Les principaux LACS sont : outre la Caspienne, le lac d'*Aral*, le lac *Baikal* (Sibérie), la *mer Morte* (Palestine), les lacs *Lob*, *Tengri* et *Kou-Kou-Nour* (plateau central).

TROISIÈME LEÇON.

Population. — La population dépasse 750 millions d'habitants de race blanche à l'ouest et au sud, de race jaune à l'est, au nord, au centre et au sud-est.

Productions. — Les principaux objets de commerce entre l'Asie et l'Europe sont : dans la région de l'OUEST, le coton, les laines, la soie, les fruits, les huiles d'olives, le tabac, les éponges ; dans la région du MIDI : le coton, l'indigo, l'opium, le riz, le sucre, le café, les épices, les perles ; dans la région de l'EST : le thé, la soie ; dans la région du NORD : les fourrures, l'or et l'argent.

Les animaux particuliers à l'Asie sont : le chameau et l'éléphant (races domestiques), le tigre et certains animaux à fourrure [hermine] (races sauvages).

QUATRIÈME LEÇON.

GÉOGRAPHIE POLITIQUE. — Les Etats de l'Asie sont : 1° dans la région de l'OUEST et du CENTRE, l'ARABIE, en partie indépendante, en partie dominée par les Turcs ; villes principales, *la Mecque*, aux Turcs, et *Aden*, aux Anglais. — La TURQUIE D'ASIE, c. pr. les ports de Trébizonde, Smyrne et Beyrouth, les villes de Damas, Jérusalem et Bagdad. — Les PROVINCES RUSSES DU CAUCASE, cap. *Tiflis*. — La PERSE, cap. *Téhéran*.— Le TURKESTAN proprement dit, ville principale *Boukara*, en grande partie soumis aux Russes. — L'AFGHANISTAN, dominé

par les Anglais, villes principales *Hérat* et *Caboul*. — Le
BÉLOUTCHISTAN.

2° Dans la région du sud, l'INDOUSTAN qui appartient
presque entièrement à la Grande-Bretagne, capitale *Calcutta*,
sur le Gange ; villes principales : *Bombay*, *Madras*, sur l'océan
Indien. — L'INDO-CHINE, partagée entre des États indépendants et des colonies anglaises (v. pr. *Rangoun* et *Singapour*)
et françaises (v. pr. *Saïgon*, et *Hanoï* dans le *Tonkin*).

3° Dans la région de l'EST, l'EMPIRE CHINOIS, capitale *Pékin*,
villes principales : *Chang-Haï*, *Canton*, sur l'océan Pacifique.
— L'EMPIRE DU JAPON, cap. *Yedo* ou *Tokio*, port princ. *Osaka*.

4° Au nord, la SIBÉRIE, possession russe, v. princ. *Irkhoutsk*.

Questionnaire.

I. Quelles sont les bornes de l'Asie? Quelle en est la superficie? Quelles
sont les mers qui la baignent? Indiquer pour chacune de ces mers les
principaux détroits, caps, etc. : les principales îles. Quelles sont les
grandes péninsules? Où est situé le plateau central et quelles sont les
chaînes de montagnes qui l'entourent? Quelles sont les chaînes de montagnes les plus élevées du continent asiatique? Indiquer les autres plateaux les plus importants et les autres grandes chaînes. Quels sont les
pays de plaines? Quels sont les déserts les plus vastes? Quels sont les
pays de steppes?

II. En combien de versants peut-on diviser l'Asie? Quels sont les fleuves qui se jettent dans l'océan Indien? — dans l'océan Glacial? — dans
l'océan Pacifique? Où le Gange prend-il sa source? La configuration de
l'Asie présente-t-elle plus d'avantages que celle de l'Europe?

III. Quelles sont les divisions de l'Asie au point de vue du climat?
Quelles sont les productions spéciales à chaque grande région? Indiquer
quelques-unes de ces productions qui ne se trouvent pas en Europe. Où
récolte-t-on le thé? L'Europe produit-elle du riz et de la soie? Nommer
quelques-uns des animaux qui ne vivent pas en Europe. Quelle est la
population de l'Asie? A quelles races appartient-elle? Quelles sont les
parties de l'Asie où domine la race blanche?

IV. Quel est l'aspect général et la configuration de l'Arabie? de la Turquie d'Asie? Indiquer les ports de l'Indoustan, de la Chine? Quelles sont
les productions les plus importantes du Japon? Quelle est la population de
la Chine? A quelle race appartient-elle? Quelles sont les religions pro-
fessées en Asie? Quelles sont les colonies européennes? A qui appartient la Sibérie?

Exercices.

Indiquer sur une carte de l'Asie, par des couleurs différentes, les pays
de plaines basses, de plateaux et de montagnes. — Indiquer sur une
carte d'Asie les colonies ou possessions européennes, — les régions occupées par la race mongolique ou par la race blanche. — Montrer sur un
planisphère la route la plus courte pour se rendre de Marseille à Calcutta par mer, de Paris à Pékin par terre.

CHAPITRE II

AFRIQUE.

I

Description physique.

Grandes divisions. — On peut diviser l'Afrique en cinq régions géographiques :

1° Celle du nord-est et du nord, (*Abyssinie, Égypte* et ses dépendances, les *États Barbaresques* : Tripolitaine, Tunisie, Algérie et Maroc).

2° Du centre, (*Sahara, Soudan* et pays peu connus de la région de l'Équateur).

3° De l'ouest, (*Sénégambie, Guinée* septentrionale et *Congo*).

4° Du sud, pays habités par les *Hottentots* et les *Cafres*, colonies *anglaises, républiques de l'Orange* et du *Transwaal*.

5° De l'est (côtes de *Mozambique*, de *Zanguebar* et de *Somal*).

Limites. Superficie. Les rivages et les mers. — L'Afrique a presque la forme d'un triangle ; elle est bornée : au nord par la **Méditerranée** et par le détroit de *Gibraltar* ;

A l'ouest et au sud par l'**océan Atlantique**, qui forme le *golfe de Guinée* ;

A l'est par l'**océan Indien**, le détroit de *Bab-el-Mandeb*, la *mer Rouge*, et l'isthme de Suez.

Les points extrêmes du continent sont : au nord, le cap *Bon* (Méditerranée) ; à l'ouest, le *cap Vert* (Atlantique) ; au sud, le *cap de Bonne-Espérance* et le *cap des Aiguilles* ; à l'est le cap *Guardafui* (océan Indien).

Les principales îles sont, dans l'Atlantique, les *Açores*, les *Madères*, les îles du *Cap-Vert*, aux Portugais ; les *Canaries*, aux Espagnols ; *Sainte-Hélène*, aux Anglais, célèbre par la captivité et la mort de l'empereur Napoléon Ier ; dans l'océan Indien, la grande île indépendante de *Madagascar* séparée du continent par le détroit ou canal de Mozambique, l'île de *France* ou *Maurice* et les îles *Seychelles*, aux Anglais, *Bourbon* ou *la Réunion* et l'archipel des *Comores*, aux Français, enfin l'ile de *Socotora* près du cap Guardafui.

La superficie de l'Afrique et des iles qui en dépendent est d'environ 30 millions de kilomètres carrés, le triple de celle de l'Europe.

Les côtes sont peu découpées, d'un abord difficile, et n'offrent qu'un petit nombre de ports. Les montagnes, presque partout parallèles au rivage, ne laissent à leur pied qu'une étroite lisière de plaines sablonneuses ou marécageuses, au climat brûlant et insalubre.

Montagnes. Plaines et Plateaux. — Au nord-ouest de l'Afrique se dresse un massif épais désigné sous le nom d'**Atlas**, et composé de chaines arides et de plateaux couverts de pâturages ; c'est le principal séjour du lion.

Fig. **XXXIII**. — Le lion (longueur du museau à la naissance de la queue, 2ᵐ,50, hauteur 1ᵐ,30).

L'Atlas domine d'un côté la Méditerranée, de l'autre une *plaine* immense où s'élèvent cependant quelques plateaux : le *Sahara*, dont le nom seul rappelle l'aridité et le désert.

Dans ces régions désolées, où les pluies sont inconnues, où le ciel et la terre sont de feu, où le vent du midi, le terrible simoun, soulève des tourbillons de sable brûlant, c'est à peine si quelques bouquets de palmiers indiquent de loin en loin l'emplacement d'une source ou d'un puits artésien et dessinent les contours d'une oasis; c'est à peine si le passage d'une caravane vient à de longs intervalles interrompre le silence du désert.

La région méridionale du Sahara paraît être un long plateau qui domine les vallées fertiles et les plaines ondulées du *Soudan*.

À l'ouest et au sud du Soudan s'élève un massif de montagnes couvertes de forêts, taillées en gradins, coupées de gorges sauvages et s'abaissant en amphithéâtre vers les côtes sablonneuses de la Sénégambie et de la Guinée septentrionale. On leur donne le nom de monts **Kong**.

Au nord-est de l'Afrique, à l'est du Sahara et du Soudan, s'ouvre une étroite vallée qui s'élargit à mesure qu'elle s'enfonce dans l'intérieur du continent, celle du Nil, le plus grand fleuve de l'Afrique, resserrée dans sa partie inférieure entre deux chaînes de collines rougeâtres et dénudées.

La chaîne orientale, qui dessine les plateaux pierreux des bords de la mer Rouge, se relève tout à coup en un vaste massif de montagnes volcaniques et de pics neigeux qui atteignent une hauteur de 4,600 mètres. Ces montagnes dominent un plateau élevé et fertile, le plateau d'*Abyssinie*.

La partie de l'Afrique située au sud de l'équateur forme un plateau triangulaire dont le rebord est dessiné par des montagnes qui s'abaissent en gradins vers l'océan Atlantique et l'océan Indien. Les plus élevées, les monts *Kiliman-Djaro* et *Kenia* (Mont-Blanc), qui atteignent 6,000 mètres, sont situées près de l'équateur et des grands lacs d'où sort le Nil. Dans l'intérieur courent des hauteurs boisées qui encadrent de pentes rapides les bassins des lacs équatoriaux et dominent un second plateau plus étroit et plus élevé que le premier, réservoir des fleuves les plus importants du continent.

II

Fleuves et lacs. — 1° Le seul grand fleuve du versant de la Méditerranée est le *Nil*, qui sort de deux lacs situés sous l'équateur, les lacs *Albert* et *Victoria*, découverts par des voyageurs anglais. Le fleuve parcourt du nord au sud une longueur de plus de 6,000 kilomètres. Il ne reçoit qu'un grand affluent, le *Nil Bleu*, qui sort du lac *Tzana*, dans les montagnes de l'Abyssinie. Il forme à son embouchure un vaste delta.

Grossi par les pluies qui tombent pendant plusieurs mois

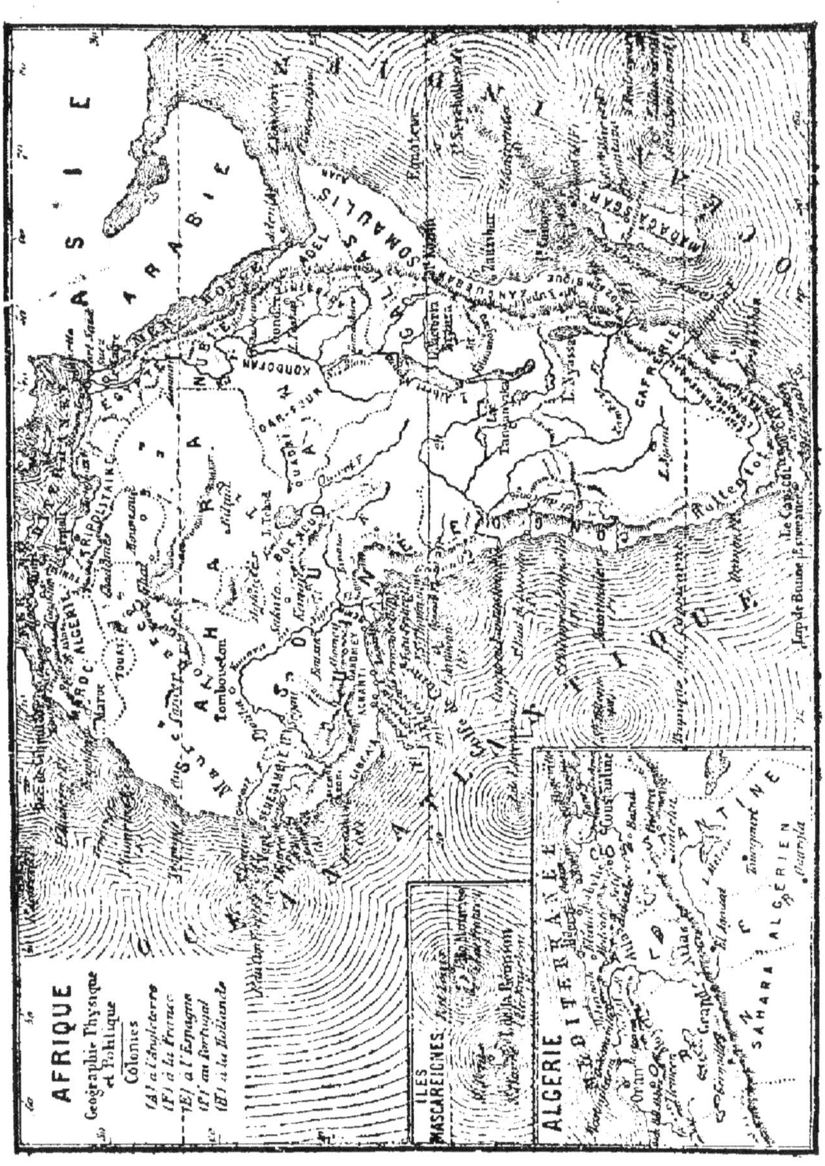

AFRIQUE
Géographie Physique et Politique
Colonies
(A) à l'Angleterre
(F) à la France
(E) à l'Espagne
(P) au Portugal
(H) à la Hollande
ILES MASCAREIGNES
ALGÉRIE

Carte VI.

(avril-juin), dans les régions où il prend sa source, le Nil déborde annuellement du mois de juin au mois d'octobre, et c'est au limon qu'il dépose que sa vallée inférieure, l'Egypte, où les pluies sont très-rares, doit sa merveilleuse fertilité.

Fig. XXXIV. — Crocodile (longueur, 4 à 8 mètres).

2° Le versant de l'Atlantique est arrosé par des cours d'eau plus nombreux : le *Sénégal* et la *Gambie*, qui descendent des montagnes du Soudan, ainsi que le *Niger* ou *Djoliba*, ce rival du Nil, qui arrose le Soudan et se jette dans le golfe de Guinée par de nombreuses bouches ; le *Congo* ou *Livingstone*, qui descend du plateau intérieur récemment exploré par le grand voyageur anglais Livingstone, par Cameron et Stanley, et paraît servir de déversoir au lac *Tanganyika* ; le fleuve *Orange*, qui se creuse une profonde vallée dans les plateaux de l'Afrique australe.

3° Le versant de l'océan Indien est arrosé par le *Zambèze*, qui descend des plateaux de l'Afrique australe et forme une des cataractes les plus élevées du globe.

4° A peu près au centre du Soudan se creuse un grand lac ou plutôt un immense marécage, le lac *Tchad*, qui reçoit plusieurs cours d'eau et ne communique pas avec la mer. Il existe également dans le Sahara beaucoup de lacs salés situés pour la plupart au-dessous du niveau de la Méditerranée : le plus connu est le lac *Melrir*, au sud de l'Algérie ; mais ils n'ont d'eau qu'à l'époque des pluies et des orages.

L'Afrique, avec sa masse lourde et compacte, ses côtes sans découpures, ses déserts de sable, ses fleuves coupés par des cataractes, est de tous les continents celui qui offre le moins de facilités aux communications, de ressources au commerce et par conséquent à la civilisation.

III

Climat et productions de l'Afrique. — Située en grande partie dans la zone torride, l'Afrique n'a presque partout que deux saisons, celle de la sécheresse et celle des orages et des pluies torrentielles : la chaleur n'y est tempérée que par les vents de mer ou l'élévation des plateaux. Le sol, échauffé par les rayons d'un soleil ardent, présente les extrêmes de la richesse et de la stérilité : dans les parties bien arrosées, tout le luxe d'une nature puissante et prodigue, forêts de chênes-liéges dans l'Atlas, de gommiers dans le Soudan, le Sahara et sur les plateaux intérieurs, de dattiers, de palmiers à huile, sur le littoral ; plantations de coton, de café, de cannes à sucre, dans les terres chaudes ; champs de blé et de maïs, plants de tabac et de vignes dans les régions plus tempérées ; dans les parties arides, au milieu des déserts

Fig. XXXV. — Autruche (hauteur, 2 mètres 40).

de pierre et de sable, des arbrisseaux épineux, des aloës, des cactus aux formes bizarres et tourmentées.

Nos races domestiques, le cheval, le bœuf, le mouton, se sont facilement acclimatées, surtout dans le nord et dans le sud : le dromadaire remplace à lui seul toutes les autres dans les sables du Sahara ; mais les races sauvages sont encore maîtresses des déserts, des steppes et des forêts qui couvrent la plus grande partie du continent : l'autruche et la gazelle dans les steppes sablonneux, le lion et l'hyène dans les forêts de l'Atlas et sur les plateaux de l'Afrique intérieure ; l'éléphant, le rhinocéros, la girafe, les singes à la taille gigantesque (gorilles), dans le centre du continent ; l'hippopotame et le crocodile dans les fleuves et dans les lacs de l'Afrique centrale et australe ; les reptiles au venin mortel ou aux proportions démesurées, dans les marécages où pullulent des milliers d'insectes.

Fig. XXXVI. — Hippopotame (longueur, 2ᵐ,50 ; haut. totale, 1ᵐ,50 à 1ᵐ,70).

Les richesses minérales sont encore peu connues ; cependant on exploite des mines de cuivre dans la colonie du Cap, de fer en Algérie, des carrières de marbre dans toute la région de l'Atlas, des gisements de diamants et des mines d'or dans l'Afrique australe. Presque tous les fleuves roulent des paillettes d'or ; et le sel des lacs du Sahara est regardé comme la plus précieuse de toutes les denrées dans le centre de l'Afrique.

Population : races principales. — La population

totale de l'Afrique s'élève au moins à 170 millions d'habitants.

Fig. XXXVII. — Girafe (hauteur, 5ᵐ,50 à 6ᵐ,50).

Au nord et à l'est domine la race blanche, plus ou moins mélangée ;

A l'ouest, au centre et au sud, la race *nègre* avec ses innombrables variétés ;

Au sud-est et à l'est, la race *cafre*, qui se distingue des nègres par sa chevelure flottante et sa couleur plutôt bronzée que noire.

IV

Géographie politique.

Les grandes divisions de l'Afrique, au point de vue politique, sont : 1° *au nord-est*, l'**Abyssinie**, pays en partie chrétien, mais peu civilisé ; la principale ville est *Gondar*.

L'**Egypte** et ses dépendances, qui comprennent la **Nubie** et la partie orientale du **Soudan** aujourd'hui en insurrection. L'empire égyptien est gouverné par un vice-roi héréditaire vassal de la Turquie, mais soumis depuis 1882 à l'influence anglaise. La capitale est *le Caire*, sur la rive droite du Nil ; les villes principales, *Alexandrie*, sur la Méditerranée, entrepôt du coton et du blé que récolte l'Egypte ; *Suez*, sur la mer Rouge, au débouché d'un canal, œuvre d'un Français, M. de Lesseps, qui en réunissant la Méditerranée à la mer Rouge a permis aux navires d'éviter l'immense détour qu'ils devaient faire autrefois pour se rendre dans l'océan Indien ou Pacifique.

2° Au *nord*, les **Pays Barbaresques**, ainsi nommés

Fig. XXXVIII. — Hyène chanteur prise sur le garrot, 80 centimètres ; longueur, sans la queue, 1ᵐ,20.

parce que les plus anciens habitants s'appelaient Berbères ; pays de **Tripoli**, possession de l'empire turc, capitale *Tripoli*, sur la Méditerranée : **Tunisie**, capitale *Tunis*, sur la

Méditerranée, gouvernée par un prince qui porte le nom de *bey* et qui a reconnu en 1881 le protectorat de la France : l'**Algérie**, capitale *Alger*, sur la Méditerranée, possession française ; le **Maroc**, empire indépendant, dont les principales villes sont *Maroc* et *Fez* dans l'intérieur, *Mogador* sur l'océan Atlantique, et *Tanger* sur le détroit de Gibraltar.

Toute la région du nord-est et du nord est musulmane.

3° Au *centre* et à *l'ouest*, les pays habités par des populations appartenant, pour la plupart, à la race nègre, musulmanes ou fétichistes, sont en général peu civilisés. Ce sont : le **Sahara** ou grand désert parcouru par des tribus nomades, mais dont les oasis ont cependant quelques villes assez peuplées : le **Soudan**, qui nous envoie de l'ivoire (1), des plumes d'autruche et de la poudre d'or, et dont les villes principales

Fig. XXXIX. — Rhinocéros (3ᵐ,20 à 3ᵐ,90 de longueur ; 2ᵐ,20 de hauteur).

sont : *Kouka,* près du lac Tchad. *Sackatou* et *Tombouctou*, au nord du Niger ; la **Sénégambie**, partagée entre des colonies françaises (capitale *Saint-Louis*, sur le Sénégal), anglaises et portugaises : la **Guinée septentrionale**, dominée par les Anglais, les Français et les Allemands ; la **Guinée méridionale**, ou Congo (ville principale *Saint-Paul*

(1) L'ivoire provient des défenses ou des dents de l'éléphant et de l'hippopotame.

de Loanda), colonie portugaise, régions **mal** cultivées qui produisent la gomme et l'huile de palmier.

4° Au *sud*, les territoires vagues occupés par les *Hottentots* et les *Cafres*, peuples pasteurs; les républiques de l'**Orange** et du **Transwaal** fondées par des colons d'origine hollandaise, sur les bords du fleuve Orange; et les colonies anglaises du **Cap** (v. pr. *Le Cap*, sur l'Atlantique) et de **Natal**, avec leurs laines, leurs vins, leurs mines de cuivre et de diamants.

5° *A l'est*, la côte de **Mozambique** (ville principale *Mozambique*, sur l'océan Indien), dominée par les Portugais; celle de **Zanguebar**, par les Arabes de *Zanzibar*, qui font surtout le commerce de l'ivoire et des gommes; et le pays de **Somal**.

RÉSUMÉ.

PREMIÈRE LEÇON.

BORNES. MERS ET ÎLES. — L'Afrique, environ trois fois plus grande que l'Europe, a pour bornes : au nord, la *Méditerranée* et le détroit de *Gibraltar*; à l'ouest et au sud, l'*Atlantique*, qui forme le golfe de *Guinée*; à l'est, l'*océan Indien*, le détroit de Bab-el-Mandeb, la mer Rouge et l'isthme de Suez, coupé par un canal maritime. Elle se termine, au sud, par le cap de *Bonne-Espérance*; à l'est, par le cap *Guardafui*; à l'ouest, par le cap *Vert*; au nord, par le cap *Bon*.

Les principales îles sont : dans l'*océan Atlantique*, les îles Açores, Madères (Portugal), Canaries (Espagne), du cap Vert (Portugal), et Sainte-Hélène (Angleterre); dans l'*océan Indien*, Madagascar, la Réunion (France), Maurice (Angleterre), les Comores, les Seychelles et Socotora.

DEUXIÉME LEÇON.

RELIEF DU SOL. FLEUVES. LACS. — Les *pays de plaines* sont : le Sahara ou grand désert, le Soudan, presque toute la région du littoral.

Les *plateaux* sont : au nord, les plateaux de la région barbaresque, dominés par les chaînes de l'Atlas; à l'est, le plateau d'Abyssinie; au midi, le plateau de l'Afrique australe, dominé par un plateau central qui s'étend au sud de l'équateur.

Les *principales chaînes de montagnes* connues sont : au nord, l'*Atlas*; à l'ouest, les monts *Kong*; à l'est, le massif des monts *Kiliman-Djaro* et *Kenia*, et des montagnes d'Abyssinie.

Les *principaux fleuves* sont : dans le versant de la *Méditerranée*, le Nil ; dans le versant de l'*Atlantique*, le Sénégal, la Gambie, le Niger ou Djoliba (Soudan) ; le Congo ou Livingstone (Congo) ; dans le versant de l'*océan Indien*, le Zambèze.

La région de l'équateur renferme de nombreux lacs : les lacs *Albert* et *Victoria*, réservoirs du Nil ; le lac *Tanganyika*, réservoir du Congo, et le lac *Tchad*.

TROISIÈME LEÇON.

Population. — **Les populations du nord et du nord-est sont, en général, de race blanche et musulmanes ; celles du reste de l'Afrique appartiennent à la race noire et sont fétichistes ou musulmanes.**

Productions. — **Les principaux objets du commerce entre l'Afrique et l'Europe sont, dans la région du nord, le coton, les laines, les blés, l'huile d'olive, les dattes, les plumes d'autruches ; dans celle de l'ouest, les huiles de palmes, les gommes ; dans celle du sud, les laines et les diamants ; dans celles de l'est et du centre, l'ivoire ; dans les îles de l'océan Indien, le sucre et le café.**

Animaux domestiques et sauvages. — **Les animaux particuliers à l'Afrique sont, le dromadaire (animal domestique), l'hyène, le lion, le rhinocéros, l'éléphant, la girafe, le gorille, l'hippopotame, le crocodile et les plus grandes espèces de serpents.**

QUATRIÈME LEÇON.

Géographie politique. — **Les principaux États du continent sont : au nord-est, l'Abyssinie, capitale *Gondar* ; l'Égypte, tributaire de la Turquie, capitale *le Caire* : villes principales, *Alexandrie* sur la Méditerranée, et *Suez*, sur le canal, qui fait communiquer la Méditerranée et la mer Rouge : au nord, les pays barbaresques, Tripoli, Tunis, le Maroc, capitale *Maroc*, et l'*Algérie* ; au centre, les royaumes du Soudan, villes principales, *Tombouctou*, *Sackatou* et *Kouka* ; à l'est, le royaume de *Zanzibar*. Les indigènes de l'Afrique méridionale portent le nom de *Hottentots* et de *Cafres*.**

Les principales possessions européennes sont, outre les îles : au nord, l'Algérie, capitale *Alger*, colonie française et la Tunisie, capitale *Tunis*, pays protégé par la France : à l'ouest, les possessions françaises de *Sénégambie*, les possessions anglaises, françaises et allemandes de *Guinée* ; les possessions portugaises du *Congo* : au sud, la colonie anglaise du *Cap* ; à l'est, la colonie portugaise de *Mozambique*.

Questionnaire.

I. Quelles sont les bornes de l'Afrique? Quelle en est la superficie? Quelle en est la forme? Quelle est la nature des côtes? Quels sont les principaux caps? Les îles principales? Quelles sont les principales chaînes de montagnes? Quelles sont les grandes régions de plaines? Décrire la région saharienne. Qu'entend-on par oasis? Quels sont les principaux plateaux de l'Afrique? Quel est l'aspect du plateau central? Quels sont les fleuves les plus importants? Décrire le cours du Nil. Quelle est la cause des débordements du fleuve? Quels sont les grands lacs?

II. Quel est le climat de l'Afrique? — Les saisons en Afrique sont-elles les mêmes qu'en Europe? Les cultures de l'Europe tempérée réussissent-elles en Afrique? Quels sont les végétaux qui croissent dans les régions sablonneuses? Quels sont les principaux produits de l'ouest? — du centre? Qu'est-ce que l'ivoire? Les races domestiques européennes se sont-elles acclimatées en Afrique? Quelles sont les principales races d'animaux sauvages? A quelles races appartiennent les populations de l'Afrique? A quel chiffre peut-on les évaluer? Dans quelles régions domine la race noire?

III. Quels sont les principaux Etats du nord-est de l'Afrique? Quelle est la capitale de l'Egypte? Qu'est-ce que le canal de Suez? Quels sont les pays appelés barbaresques? Quelles sont les colonies anglaises d'Afrique? Quelles sont les colonies françaises? Les peuples de l'Afrique intérieure sont-ils civilisés? — Nommer quelques-unes des villes du Soudan. — Quels sont les principaux ports du nord de l'Afrique?

Exercices.

Tracer au tableau le contour de l'Afrique. Tracer le cours du Nil et donner une idée générale de la disposition des grands lacs du plateau central. — Montrer sur un planisphère les routes que l'on peut suivre pour aller de Marseille à l'île de la Réunion, de Londres au cap de Bonne-Espérance, de Paris à Alger.

CHAPITRE III

NOUVEAU CONTINENT. — AMÉRIQUE.

Le nouveau continent comprend les deux Amériques, Amérique du Nord et Amérique du Sud, situées entre l'océan Pacifique et l'océan Atlantique.

AMÉRIQUE DU NORD.

I

Description physique.

Grandes divisions. — L'Amérique du Nord comprend, sans compter les *Terres Arctiques*, six grandes régions :

Colonies
(F) Françaises
(A) Anglaises
(E) Espagnoles
(H) Hollandaises
(D) Danoises
OCÉAN ARCTIQUE
Terre de Grinnell
GROENLAND (D)
TERRITOIRE D'ALASKA
Cercle Polaire
NOUVELLE-BRETAGNE (A)
CONFÉDÉRATION CANADIENNE
Labrador
Indiens Sioux
ÉTATS-UNIS
TEXAS
MEXIQUE
AMÉRIQUE CENTRALE
MER DES ANTILLES
AMÉRIQUE
SEPTENTRIONALE
Géographie Physique
et Politique
— Chemins de fer —
AMÉRIQUE
MÉRIDIONALE
CANADA
Ottawa
Chicago
Cincinnati
St Louis
CAROLINE
GEORGIE
LOUISIANE
FLORIDE
Nlle Orléans
Golfe de Mexique
ÉTATS-UNIS
MEXIQUE
GUATEMALA
HONDURAS
NICARAGUA
Costa-Rica
MER DES ANTILLES
OCÉAN PACIFIQUE
AMÉRIQUE
CENTRALE.

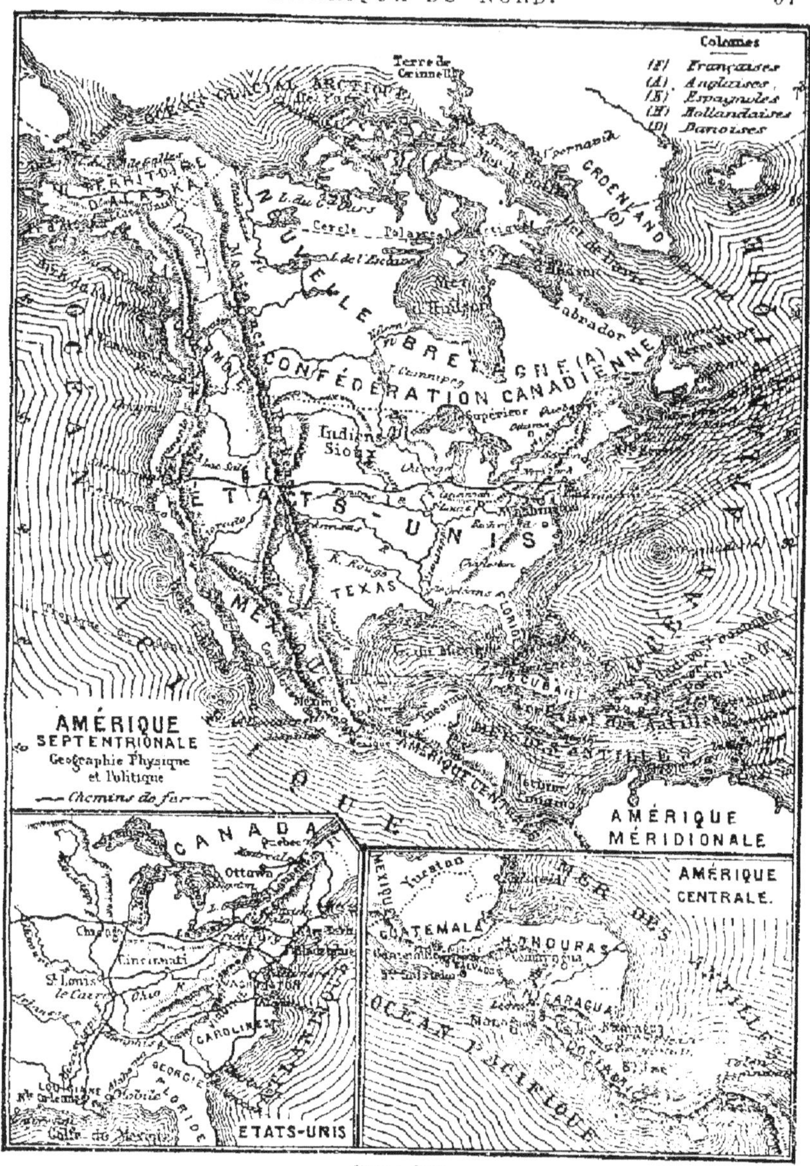

Carte VII.

1° Au nord, la *Nouvelle-Bretagne* et le territoire d'*Alaska*.

2° Au centre, les *États-Unis*.

3° Au sud, le *Mexique*, les républiques de l'*Amérique centrale* et les *Antilles*.

Bornes. — L'Amérique du Nord, deux fois plus grande que l'Europe, est bornée : au *nord,* par l'**océan Glacial arctique** ;

A l'*est,* par l'**océan Atlantique** ;

Au *sud,* par le *golfe du Mexique,* la *mer des Antilles* et l'*isthme de Panama* ;

A l'*ouest,* par l'**océan Pacifique** et le détroit de *Béring,* qui la sépare de l'Asie.

Les terres arctiques. — Les îles et les terres situées dans l'océan Glacial sont souvent regardées comme une

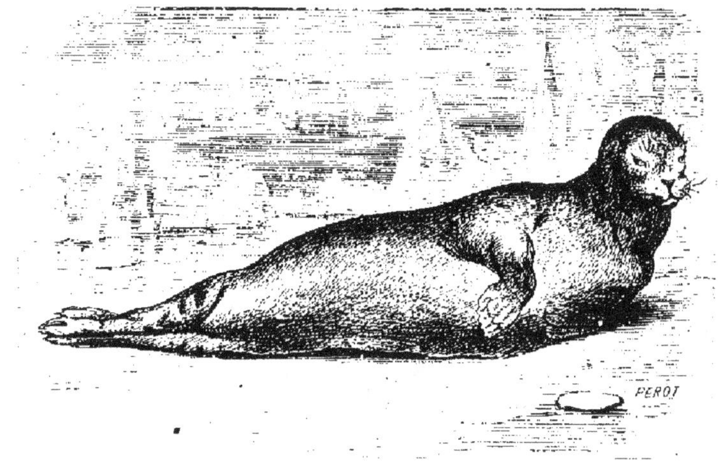

Fig. XL. — Phoque (longueur 1 à 2 mètres).

dépendance de l'Amérique du Nord. Couvertes de neiges et de glaces, ensevelies pendant de longs mois dans les profondes nuits du pôle qu'illuminent les aurores boréales, c'est à peine si elles se revêtent, quand le soleil vient les réchauffer de ses pâles rayons, d'un tapis de mousse et d'un maigre gazon. La mer, morne comme la terre, dort sous une couche de neige congelée et se hérisse de montagnes de glaces qu'y versent les glaciers du continent. Ces tristes régions sont cependant habitées. Quelques tribus d'*Esquimaux,* au teint

cuivré, se creusent des terriers dans la neige, poursuivent
dans leurs canots de cuir, ou sur des traineaux tirés par
des chiens et par des rennes, le phoque et l'ours blanc,
qui leur fournissent à la fois leur nourriture et leurs vête-
ments. Quelques baleiniers européens s'aventurent également
dans les mers polaires à la poursuite du phoque et de la baleine qui y cherchent un refuge.

La principale terre arctique est le **Groënland** (Terre
Verte), véritable continent, situé au nord-est de l'Amérique,
dont il est séparé par le détroit de *Davis* et la mer de *Baffin* : l'intérieur est inconnu. A l'ouest du Groënland s'é-
tend un labyrinthe d'îles séparées par des détroits gelés toute
l'année, mais qui, s'ils étaient praticables, ouvriraient une

Fig. XLI. — Baleine (longueur, 18 à 20 mètres).

communication au nord de l'Amérique, entre l'Europe et l'A-
sie. On appelle ces détroits le *passage Nord-Ouest*.

Les mers et les rivages. — Le littoral de l'Amérique du nord, sur l'océan Pacifique est en général assez découpé (presqu'île d'*Alaska* au nord et de *Vieille-Californie* au
sud), et semé d'îles, surtout au nord (îles *Aléoutiennes*, *Archipel du roi Georges*, île *Vancouver*). Celui de l'Atlantique est,
dans sa partie septentrionale, bordé de rochers et d'îles gra-

nitiques, creusé par deux grands golfes, la mer d'**Hudson**(1) et le golfe du *Saint-Laurent*, et par des baies nombreuses et profondes; au sud, jusqu'au cap *Sable*, à l'extrémité de la presqu'île de *Floride*, il est bas, marécageux, couvert de lagunes et de plages sablonneuses.

L'Atlantique baigne la grande île de *Terre-Neuve*, si cé-

Fig. XLII. — L'ours blanc (un peu plus grand que l'ours des Pyrénées).

lèbre par la pêche de la morue, qui y réunit chaque année 50,000 matelots.

Le **golfe du Mexique** est un vaste bassin presque circulaire qui communique avec l'Atlantique par le *canal* ou détroit de *Floride*. Les côtes basses et insalubres sont désolées par la fièvre jaune, ce fléau des contrées chaudes de l'Amérique.

Au sud du golfe du Mexique, entre la presqu'île de *Yucatan*, l'isthme de l'Amérique centrale, l'Amérique méridionale et les îles nommées Antilles, s'allonge une sorte de Méditerranée, la mer des **Antilles**, séparée de l'Atlantique par une barrière d'îles qui sont les sommets d'une chaîne de montagnes sous-marines : au nord, les îles *Bahama*, la première terre américaine découverte par Christophe Colomb (1492); au centre, les **Grandes Antilles**, *Cuba*, la *Jamaïque*, *Saint-Domingue* ou *Haïti*, *Porto-Rico*: au sud, les **Pe-**

(1) Davis, Baffin et Hudson étaient des navigateurs anglais du XVIe et du XVIIe siècle.

tites **Antilles**, *Saint-Thomas*, aux Danois, la *Guadeloupe*, la *Martinique*, aux Français, *Sainte-Lucie*, la *Barbade*, la *Trinité*, aux *Anglais*, qui offrent presque toutes les mêmes caractères ; un climat chaud, mais rafraîchi par la brise de mer, un sol montagneux, volcanique, bouleversé par les tremblements de terre, mais fertile et revêtu d'une admirable végétation.

Principaux caps. — Les points extrêmes du continent sont : au nord-est, le cap *Charles*, dans la presqu'île de *Labrador* ; au sud-est, le cap *Agi*, dans la presqu'île de *Floride* ; au sud-ouest, le cap *Saint-Lucas*, dans la Vieille Californie ; au nord-ouest, le cap du *Prince de Galles* (détroit de Behring).

II

Montagnes. Plateaux. Prairies. — L'Amérique du Nord est traversée du nord au sud par une chaîne de montagnes qui porte successivement les noms de *Montagnes Rocheuses* et de *Cordillère du Mexique*.

Ce massif, composé de plusieurs branches qui courent

Fig. XLIII. — Bison (cet animal est de la taille des plus grands bœufs).

dans le même sens, séparées par des vallées profondes ou des déserts sablonneux, forme, d'un bout à l'autre du continent, un plateau dominé par des pics élevés de 4,000 à 5,000 mètres. Le versant occidental se prolonge jusqu'à l'océan Pacifique par des pentes escarpées qui dominent une étroite lisière de plaines.

À l'est de la grande chaîne de l'Amérique du Nord, depuis l'océan Glacial jusqu'au golfe du Mexique, s'étend une plaine immense qui descend vers la mer par de larges gradins à la pente presque insensible, et qu'interrompent à peine quelques collines isolées ou quelques ondulations qui dessinent les bassins des fleuves. Au nord, cette plaine, couverte de mousses et de tourbières gelées, est le domaine de l'hiver, du silence et de la mort. Au sud de cette région désolée, s'étend une zone de forêts. Au delà de cette région forestière, commence la région des prairies, steppes dont les ondulations ressemblent à des vagues pétrifiées, et que parcourent les tribus d'Indiens nomades et les immenses troupeaux de bisons, seuls habitants de ces déserts.

Entre la région des grandes plaines et le littoral de l'Atlantique, s'élève une chaîne de montagnes, qui, sous le nom de monts *Alleghanys* et de plateau des *Apalaches*, s'étend depuis l'embouchure du fleuve Saint-Laurent jusqu'à l'extrémité de la Floride, où elle s'efface dans des plaines marécageuses.

Les fleuves et les lacs. — L'Amérique du Nord est divisée par les montagnes Rocheuses et la Cordillère du Mexique en deux grands versants : celui des mers Arctiques et de l'Atlantique au nord et à l'est, et celui du Pacifique, à l'ouest.

Le versant du **Pacifique**, plus étroit et plus montagneux, est arrosé par des cours d'eau qui descendent des montagnes Rocheuses et dont les principaux sont : le *Youkoun*, qui se jette dans la mer de Behring ; la *Colombia* ou *Orégon*, le *Sacramento* et le *Rio Colorado*.

Le versant Oriental se subdivise en trois grands bassins : 1° Celui de l'océan Glacial et de la mer d'**Hudson**, semé de lacs innombrables, le lac du *Grand Ours*, le lac de l'*Esclave*, le lac *Ouinnipeg*, et arrosé par des fleuves immenses, mais glacés, dont le plus considérable est le *Mackensie* qui coule du sud au nord.

2° Celui de l'Atlantique, arrosé par le fleuve **Saint-Laurent**, qui sert de déversoir aux cinq grands lacs *Supérieur*, *Huron*, *Michigan*, *Érié* et *Ontario*. Entre ces deux derniers, le sol manque tout à coup, et la masse entière des eaux se précipite d'une hauteur de 50 mètres sur une largeur d'environ 500, et rejaillit en tourbillons d'écume avec le bruit du tonnerre. Ce sont les fameuses chutes du *Niagara* (l'eau qui tonne) perdues autrefois dans des forêts sauvages que remplacent aujourd'hui des jardins, des usines, des maisons de plaisance, tandis qu'au-dessus de la cataracte les convois de chemins de fer passent à toute vapeur sur un pont suspendu à une hauteur de 60 mètres :

3° Celui du golfe du *Mexique* arrosé par le *Rio Grande* (1) du Nord, et par le **Mississipi**, fleuve immense qui coule du nord au sud en traversant toute la longueur des Etats-Unis. Il est grossi à gauche de l'*Ohio* qui descend des monts Alleghanys, à droite du *Missouri*, qui devrait être regardé comme la branche principale du fleuve et qui lui apporte les eaux du versant oriental des montagnes Rocheuses.

III

Population. — La population totale est d'environ 70 millions d'habitants. La majorité est de race blanche, et

Fig. XLIV. — Castor (1 mètre de longueur, en y comprenant la queue).

d'origine européenne (Anglais, Allemands. Irlandais. Français et Espagnols). Les nègres importés d'Afrique comme esclaves par les conquérants européens, mais aujourd'hui

(1) Rio, en espagnol, signifie fleuve.

émancipés, les Indiens ou habitants primitifs décimés par la guerre, l'ivrognerie et la misère, et presque tous nomades, enfin de nombreux métis issus du mélange des diverses races forment le reste de la population.

Climat. — Le climat de l'Amérique du Nord est en général moins tempéré que celui de l'Europe. Les étés sont plus chauds, les hivers plus longs et plus rigoureux que dans nos contrées ; enfin, grâce à l'élévation des plateaux, la température ne varie pas seulement suivant que le pays est plus ou moins éloigné de l'équateur : de brusques différences se produisent entre des climats très-rapprochés. Le Mexique en présente un des exemples les plus saisissants, et le voyageur qui le traverse en hiver, d'un océan à l'autre, passe en quelques jours des chaleurs accablantes de la zone torride aux froids des pays septentrionaux.

Fig. XLV. — Champ de cannes à sucre (haut. de la tige, 3m,50 à 4 mètres).

Dans le nord du continent vivent le renne et les animaux à fourrures, l'ours blanc, le renard, le bison, et croissent d'immenses forêts de bouleaux et de sapins.

Dans la partie tempérée réussissent les plantes de nos climats, la pomme de terre, le tabac, que nous avons empruntés à l'Amérique, les céréales (blé et maïs), le lin, la vigne même que nous lui avons apportés ; les chênes, les érables, les platanes et les essences forestières de notre Europe. Les animaux de cette région sont nos races domestiques que nous y avons introduites, et parmi les races sauvages, le castor, le daim, le bison, l'ours gris des montagnes Rocheuses. Le dindon ou poule d'Inde est originaire de l'Amérique du nord.

Dans la partie chaude croissent le riz, la canne à sucre, le cotonnier, l'indigotier, l'acajou, les bois de teintures et les innombrables variétés de palmiers : c'est à cette région qu'appartiennent le serpent à sonnettes, le caïman ou crocodile du Mississipi, et de nombreuses variétés d'oiseaux au plumage éclatant (le perroquet, l'oiseau-mouche, etc.).

Les richesses minérales de l'Amérique du Nord sont immenses : l'or, l'argent, le cuivre, abondent dans le versant du Pacifique, le fer, la houille, les huiles de pétrole (1) dans celui de l'Atlantique, et une partie de ces trésors sont encore inconnus.

IV

Géographie politique.

Les principaux États de l'Amérique du Nord sont : 1° au *Nord*, la **Nouvelle-Bretagne**, possession anglaise qui forme une confédération de huit provinces (capitale *Ottawa*, dans le Canada), dont les principales sont : à l'ouest, la *Colombie*, baignée par l'océan Pacifique ; à l'est, la *Nouvelle-Écosse*, capitale *Halifax*, et le *Canada*, v. pr. *Québec* et *Montréal* sur le Saint-Laurent, province peuplée en grande partie de Français et qui autrefois a appartenu à la France. L'île de *Terre-Neuve* appartient également à l'Angleterre.

Les principales richesses du pays, froid, même sur les bords du Saint-Laurent, désert dans le nord, sont les bois, les fourrures, les mines d'or (Colombie), et la pêche de la morue et de la baleine.

2° Au *centre*, les **États-Unis**, ancienne colonie anglaise indépendante depuis un siècle, formant une république fédérale composée de 38 États. — La capitale est *Washington*, siège du gouvernement fédéral.

Les ports principaux sont : sur l'Atlantique, *Boston*, *New-York* (2 millions d'habitants), à l'embouchure de l'Hudson, la reine du Nouveau-Monde, l'entrepôt du commerce des États-Unis, *Philadelphie*, *Baltimore* ;

(1) On donne le nom de pétrole à un liquide inflammable qui se forme naturellement dans des cavités souterraines, et qui jaillit à la surface du sol quand on creuse des puits dans les régions où il existe des dépôts de ces huiles minérales.

Sur le golfe du Mexique, *Nouvelle-Orléans*, ville d'origine française, à l'embouchure du Mississipi ;

Sur l'océan Pacifique, *San-Francisco*, dans l'État de Californie, à l'embouchure du Sacramento.

Les villes principales de l'intérieur sont : *Saint-Louis* sur le Mississipi, *Cincinnati* sur l'Ohio, *Chicago* sur le lac Michigan. Toutes ces villes ont au moins 200,000 habitants.

Le grand territoire d'**Alaska**, situé au nord-ouest de l'Amérique, appartient aux États-Unis dont il est séparé par la Nouvelle-Bretagne.

La population est de 50 millions d'habitants en majorité protestants, dont 300,000 Indiens et 5 millions de nègres ou de mulâtres : le reste est d'origine européenne (Anglais, Irlandais, Allemands, Français).

Les États-Unis, avec leur immense territoire (plus de 9 millions de kilomètres carrés), leurs riches productions, sucre, coton, tabac, au sud ; céréales, bestiaux, porcs, moutons, bois et résines au nord ; leurs mines d'or, d'argent (Californie), de cuivre, de mercure, de houille, leurs sources de pétrole, leur active industrie, leur admirable système de canaux et de chemins de fer (160,000 kilomètres exploités), leur marine florissante, dominent le Nouveau-Monde et sont appelés à jouer un rôle de plus en plus important.

3° Au *sud*, le plateau du **Mexique**, ancienne colonie espagnole, forme aujourd'hui une république fédérale : capitale *Mexico*. Le principal port est *Vera Cruz* sur le golfe du Mexique.

Les principales productions sont, sur le littoral, le coton, la canne à sucre, les bois de teinture de Campêche ; sur le plateau, les céréales, le tabac et les bestiaux. Les mines d'argent sont d'une richesse inépuisable.

4° L'**Amérique centrale**, divisée en cinq républiques, produit le cacao qui sert à la fabrication du chocolat, le café, les bois d'acajou, les bois de teinture, l'indigo ; mais cette région doit surtout son importance à sa situation entre la mer des Antilles et l'océan Pacifique.

5° Les **Grandes Antilles** sont : *Cuba* (colonie espagnole, capitale *La Havane*, entrepôt des sucres et des tabacs ; *Porto-Rico*, à l'Est ; puis la *Jamaïque*, colonie anglaise ; *Haïti*, divisée en deux républiques indépendantes, fondées par les noirs.

Les **Petites Antilles**, partagées entre les Français, (la

Guadeloupe et la *Martinique*), les Anglais, (la *Trinité*, *Grenade*, *Tabago*, etc.), les Danois, (*Saint-Thomas*), et les Hollandais (*Curaçao*), produisent surtout le sucre et le café.

RÉSUMÉ.

PREMIÈRE LEÇON.

BORNES. — L'Amérique du Nord a pour bornes : au nord, l'océan *Glacial arctique*; à l'est, *l'océan Atlantique*; au sud, le canal ou détroit de Floride, le *golfe du Mexique*, la mer *des Antilles* et l'isthme de *Panama*; à l'ouest, l'océan *Pacifique* et le détroit de *Béring*.

LES MERS SECONDAIRES ou grands GOLFES sont la *mer d'Hudson*, le golfe du *St-Laurent*, le golfe *du Mexique*, et la *mer des Antilles* formés par l'Atlantique, la mer de *Baffin* formée par l'océan Glacial.

Les *principales* PRESQU'ILES sont au nord-est le Labrador, (cap. Charles); au sud-est la Floride (cap Sable); au sud le Yucatan, au sud-ouest la Vieille Californie (cap Saint-Lucas); au nord-ouest la presqu'île d'Alaska :

Les principales ILES sont : dans l'Atlantique, *Terre-Neuve*; dans le golfe du Mexique et la mer des Antilles, les îles *Bahama*, les *Grandes* et les *Petites Antilles*; dans l'océan Glacial le *Groenland* et les Terres arctiques.

DEUXIÈME LEÇON.

La principale chaîne de MONTAGNES qui s'élargit en vastes plateaux est la chaîne des *Montagnes Rocheuses* et la *Cordillère du Mexique*; à l'est de cette chaîne s'étendent les grandes plaines de la *Nouvelle-Bretagne*, et les *prairies* des *États-Unis*, séparées de l'Atlantique par les plateaux des *Apalaches*.

Les principaux FLEUVES sont : dans le versant de l'océan Pacifique le *Youkoun*, l'*Orégon* ou *Columbia*, le *Sacramento*, le *Rio Colorado*; dans le versant de l'océan Glacial le *Mackensie*; dans le versant de l'Atlantique, le *Saint-Laurent*, déversoir des cinq grands LACS Supérieur, Huron, Michigan, Érié, Ontario; dans le versant du golfe du Mexique, le *Mississipi*, grossi à droite du *Missouri*, à gauche de l'*Ohio*.

TROISIÈME LEÇON.

La POPULATION est d'environ 70 millions d'habitants de race blanche, rouge (Indiens) ou noire (Nègres amenés autrefois d'Afrique).

LES VÉGÉTAUX des *pays froids* sont le sapin et le bouleau :

Ceux des *régions tempérées* sont les céréales, la pomme de terre, le tabac, et les arbres de nos forêts :

Ceux des *régions chaudes* sont la canne à sucre, le coton, le bois d'acajou, les bois de teinture.

LES ANIMAUX DOMESTIQUES sont les mêmes qu'en Europe :

LES ANIMAUX SAUVAGES particuliers à l'Amérique du Nord sont le castor et d'autres animaux à fourrures, le bison, l'ours blanc et gris, le caïman et le serpent à sonnettes.

LES principales PRODUCTIONS qui intéressent le commerce européen sont dans le nord : les bois, les fourrures, et les produits de la pêche : dans le centre, les céréales, le tabac, les viandes salées, le pétrole, l'or et l'argent : dans le sud, le sucre, le coton, le café, l'acajou, les bois de teinture et l'argent.

QUATRIÈME LEÇON.

GÉOGRAPHIE POLITIQUE. — Les principaux États de l'Amérique du Nord sont : au nord, la NOUVELLE-BRETAGNE ou CONFÉDÉRATION CANADIENNE, possession anglaise, capitale *Ottawa, villes principales* Québec et Montréal; au centre, les ÉTATS-UNIS, république fédérale, le plus grand État du Nouveau-Monde, *capitale* Washington, *villes principales* New-York, Boston, Philadelphie, sur l'Atlantique, la Nouvelle-Orléans sur le golfe du Mexique, San-Francisco sur l'océan Pacifique, St-Louis sur le Mississipi, Chicago sur les grands lacs : au sud la république du MEXIQUE, *capitale* Mexico; les cinq républiques de l'AMÉRIQUE CENTRALE; les GRANDES ANTILLES, *Cuba* et *Porto-Rico*, colonies espagnoles, la *Jamaïque* colonie anglaise, *Haïti* divisée en deux républiques indépendantes : les PETITES ANTILLES partagées entre les Anglais, les Français, les Danois et les Hollandais.

Questionnaire.

I. Quelles sont les bornes de l'Amérique du Nord? — Quelle en est la superficie? — Quelles sont les mers qui la baignent? — Indiquer les principales îles, les principales presqu'îles, les principaux caps. — Qu'est-ce que le passage Nord-Ouest? — Quel est l'aspect du Groënland et des autres terres arctiques? — Quels en sont les habitants? — Quelles sont les grandes pêches des mers glaciales? — Décrire le littoral de l'Atlantique, — du golfe du Mexique, — de l'océan Pacifique. — Quelle est la pêche de Terre-Neuve?

II. Quelle est la ligne de partage des eaux de l'Amérique du Nord? — Quelle est la nature du pays compris entre les montagnes Rocheuses et l'océan Pacifique? — Quels sont les plateaux les plus importants de l'Amérique du Nord? — Existe-t-il des montagnes entre les montagnes Rocheuses et l'océan Atlantique? — Qu'appelle-t-on prairies? — Quel est l'aspect des prairies? — Quel est l'aspect des plaines septentrionales du continent? — Quels sont les fleuves qui se jettent dans l'océan Pacifique, dans l'océan Glacial, dans l'Atlantique, dans le golfe du Mexique? — Quel est le plus grand fleuve de l'Amérique du Nord? — Quels sont les principaux lacs?

III. Quel est le climat de l'Amérique du Nord? — Rappeler les causes qui expliquent les différences de climat. — Quels sont les pays froids, les pays chauds, les pays tempérés? — Quelles sont, dans chacune des principales régions, les cultures les plus importantes? — Quelle est la région qu'habite le bison? — Les races domestiques de l'Europe ont-elles pu s'acclimater en Amérique? — Quelles sont les régions qui produisent l'or et l'argent? — Quelles sont celles où l'on trouve le pétrole? Quelle est la population de l'Amérique du Nord? — A quelles races appartient-elle?

IV. Quel est l'État le plus puissant de l'Amérique du Nord? — Quelle est la capitale des États-Unis? — Quelles en sont les plus grandes villes? — Quelles sont les principales productions des États-Unis? — Quels sont les États de la région du Sud? — Quelle est la capitale du Mexique? — Que produit le Mexique? — Quels sont les peuples européens qui ont des possessions dans l'Amérique du Nord? — Quelles sont les colonies anglaises? — Comment divise-t-on les Antilles? — Quelles sont les Antilles françaises? — A qui appartient Cuba? — Quelles sont les productions des Antilles?

Exercices.

Tracer, d'après un canevas préparé d'avance, une esquisse de l'Amérique du Nord.

Tracer le cours des principaux fleuves.

Indiquer la situation des grands lacs, des villes les plus importantes.

Indiquer sur un planisphère la route la plus courte pour se rendre du Havre, en France, à San-Francisco par bateaux à vapeur et par chemins de fer.

CHAPITRE IV

AMÉRIQUE DU SUD.

I

Description physique.

Grandes divisions. — On divise l'Amérique du Sud en sept grandes régions :

1° Au nord, la **Colombie** et les **Guyanes.**

2° Au centre et à l'est, le **Brésil.**

3° Au sud, la région de la **Plata** et la **Patagonie.**

4° A l'ouest, le **Chili** et les deux **Pérous.**

Limites. Les mers et les rivages. — L'Amérique du Sud, un peu moins grande que l'Amérique du Nord, est bornée : au nord, par l'isthme de l'Amérique centrale et la *mer des Antilles* : à l'est et au sud, par l'*Atlantique*; à l'ouest, par l'*océan Pacifique*.

Le littoral du Pacifique, rocheux et profondément découpé au sud et au nord du continent, est aride, sablonneux et presque plat au centre; celui de l'Atlantique, bas, marécageux et insalubre au nord, désert au sud, est au contraire élevé, creusé de larges baies et semé de grands ports dans la partie centrale.

Au sud du continent, dont il est séparé par le détroit de *Magellan* (1), se prolonge un groupe d'îles arides, dont la plus grande est la *Terre de Feu*, et dont la pointe la plus méridionale est le cap *Horn*.

Relief du sol. — L'Amérique du Sud est un immense triangle dont la forme rappelle celle de l'Afrique, coupé du nord au sud, depuis l'isthme de *Panama* jusqu'au cap *Horn*, par la prolongation de la grande chaîne de l'Amérique du Nord connue sous le nom de *Cordillère des Andes*, et dont les sommets le *Chimborazo*, le pic de *Sorata*, le volcan *Aconcagua*, atteignent presque 7,000 mètres. La Cordillère n'est qu'une longue bande de plateaux granitiques, arides, balayés par les vents glacés, disposés en terrasses que dominent des cimes neigeuses et des volcans gigantesques presque toujours en activité.

La partie la plus élevée du massif est le plateau du haut Pérou où se trouve à une hauteur de 4,000 mètres le lac *Titicaca*.

À l'*ouest*, dans l'étroit versant de l'océan Pacifique, ces plateaux descendent vers la mer en brusques escarpements et ne laissent sur le littoral qu'une lisière de plaines au climat brûlant, semées de roches volcaniques et bouleversées par des tremblements de terre.

À l'*est*, dans le versant de l'Atlantique, s'étendent au nord et au sud du continent des plaines sans fin que l'on nomme *llanos, savanes, prairies ou pampas*, arides et unies pendant la saison sèche, revêtues d'admirables pâturages après la saison des pluies. Dans la partie centrale se développe, entre l'Atlantique et les Andes, une longue bande couverte de forêts.

1 Magellan est le premier navigateur qui ait fait le tour du monde. (XVIe siècle.)

MER DES ANTILLES
Petites Antilles
AMÉRIQUE CENTRALE
VENEZUELA
GUYANE
ANGLAISE
GUYANE HOLLANDAISE
NOUVELLE GRENADE
Équateur
ÉQUATEUR
PÉROU
BRÉSIL
BOLIVIE
Lima
Cuzco
La Plata
Fernambouc
San Francisco Fl.
Rio de Janeiro
Rio de la Plata
CONFÉDÉRATION ARGENTINE
CHILI
Santiago
Santa Fe
URUGUAY
Montevideo
Buenos-Ayres
PATAGONIE
Rio Negro
OCÉAN ATLANTIQUE
GRAND OCÉAN PACIFIQUE
Iles Falkland
Détroit de Magellan
AMÉRIQUE
MÉRIDIONALE
Géographie Physique et Politique

Carte VIII.

À l'est du continent s'élèvent deux plateaux : celui de la *Parime* ou des *Guyanes* et celui *du Brésil,* sillonnés en tous

Fig. XLVI. — Jaguar (1^m,60 à 1^m,90 de longueur, sans la queue).

sens par des groupes confus de montagnes qui ne dépassent guère 2,500 mètres.

Fleuves. — Les principaux fleuves qui se jettent dans l'Atlantique sont : du nord au sud, l'*Orénoque* qui descend des plateaux de la Parime ; le fleuve des *Amazones,* le plus grand du nouveau continent et peut-être du monde entier, qui descend des Andes du Pérou et parcourt un espace de près de 7,000 kilomètres ; le fleuve *Saint-François* ou *San-Francisco* qui arrose le Brésil ; et le *Rio de la Plata,* formé par la réunion de plusieurs grands cours d'eau qui descen-

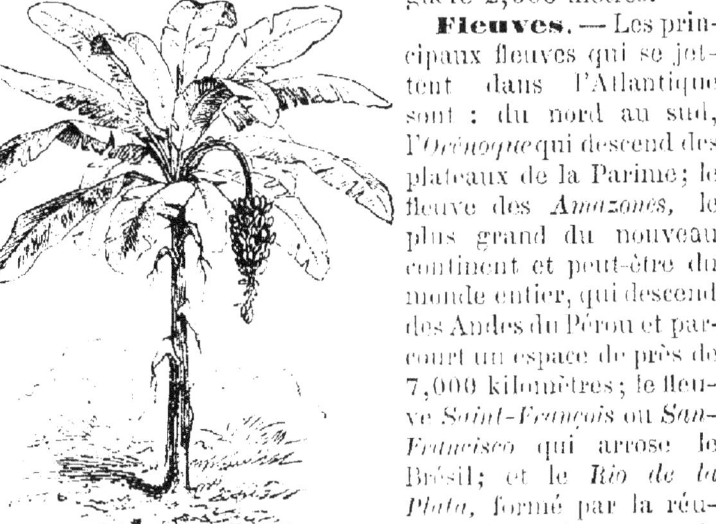

Fig. XLVII.— Bananier (haut. 4 à 5 mètr.)

dent des montagnes du Brésil oriental (*Parana, Paraguay* et *Uruguay*) ou de la Cordillère des Andes.

II

Climat. Productions. — Le climat de l'Amérique du Sud, grâce au relief du sol, présente une extrême variété; les vallées de la côte du Pacifique, les plaines basses de l'Amazone et de l'Orénoque, produisent en abondance le coton, le café, le cacao, la canne à sucre, la vanille, et se couvrent de forêts où croissent le bananier, les bois de

Fig. XLVIII. — Lama (hauteur prise au garrot, 1 mètre)

teinture et l'arbre à caoutchouc; le singe, le tapir, le jaguar (tigre d'Amérique), d'innombrables espèces d'oiseaux aux couleurs éclatantes et de dangereux reptiles sont les habitants de ces forêts. Les pampas, ces steppes du Nouveau-Monde, sont parcourus par des troupes d'autruches et de chevaux sauvages; les hautes vallées des Andes, situées sous l'équateur, jouissent d'un printemps éternel, voient mûrir l'orange et le raisin, croître l'arbre à quinquina et prospérer nos races domestiques de l'Europe; enfin les plateaux qui les dominent, froids, arides, souvent couverts de neiges, n'ont d'autre végétation que de maigres pâturages, et d'autres habitants que le lama, avec son épaisse toison, et le condor, ce gigantesque vautour des Andes.

L'Amérique du Sud est riche en mines de cuivre, d'argent, d'or et de diamants ; mais il lui manque la houille, si abondante dans l'Amérique du Nord.

Population. — La population de l'Amérique du Sud ne dépasse pas 28 à 29 millions d'habitants, descendants des habitants primitifs, des nègres esclaves et des colons espagnols et portugais. Le catholicisme est la religion dominante.

III

Géographie politique.

Les anciennes colonies espagnoles qui forment aujourd'hui des républiques indépendantes occupent toute l'Amérique du Sud, sauf le Brésil et les Guyanes.

Ce sont : au nord, le **Vénézuéla**, cap. *Caracas*, près de la mer des Antilles ; la **Nouvelle-Grenade** ou **Etats-Unis de Colombie**, cap. *Santa-Fé de Bogota*, v. princip. *Panama*, port sur l'océan Pacifique, rattaché à la mer des Antilles par un chemin de fer de 50 kilomètres et par un canal en construction qui réunira les deux mers ; la République de l'**Equateur**, cap. *Quito*, dans une vallée des Andes ; à l'ouest, le **Pérou**, cap. *Lima*, près de l'océan Pacifique ; la **Bolivie**, cap. *la Paz*, sur les hauts plateaux des Andes ; le **Chili**, cap. *Santiago*, v. pr. *Valparaiso*, sur l'océan Pacifique : au sud-est, la Confédération Argentine, ou République de la **Plata**, cap. *Buenos-Ayres*, sur le Rio de la Plata ; l'**Uruguay**, cap. *Montevideo*, sur le Rio de la Plata ; et le **Paraguay**, cap. *Assomption*, sur le Paraguay.

Les principaux produits des Etats du nord sont : le café, le cacao, le tabac ; ceux des Etats de l'ouest, le quinquina (écorce d'un arbre très abondant au Pérou et que l'on emploie surtout pour combattre les fièvres), les laines de lama, les mines d'argent et de cuivre, le salpêtre, et le guano, substance précieuse comme engrais, et qui provient de la fiente d'oiseaux de mer.

Les Etats du sud-est, pays de pâturages, exportent des laines, des peaux de bœufs, de moutons et de chevaux.

Au nord-est de l'Amérique du Sud sont situées les **Guyanes**, pays boisé, marécageux et insalubre que se partagent des colonies françaises, hollandaises et anglaises ; enfin, à l'est, le grand empire du **Brésil**, ancienne colonie portugaise, aussi vaste que les États-Unis de l'Amérique du Nord, et qui produit en abondance le café, la canne à sucre, le cacao, le coton, le tabac, le caoutchouc, les bois de teinture, le bétail. La capitale est *Rio-Janeiro* (280,000 habitants), sur l'Atlantique, la plus grande ville de l'Amérique du Sud : les principaux ports, *Bahia* et *Pernambouc*.

RÉSUMÉ.

PREMIÈRE LEÇON.

DESCRIPTION PHYSIQUE. — L'Amérique du Sud est bornée au nord par l'Amérique centrale et la mer des Antilles, à l'est et au sud par l'océan Atlantique, à l'ouest par l'océan Pacifique. Elle est terminée par le cap Horn.

L'Amérique du Sud est divisée en deux grands versants par la *Cordillère des Andes*, énorme plateau dominé par des cimes volcaniques.

Le plateau des Andes s'abaisse brusquement vers l'océan Pacifique; mais dans le versant de l'Atlantique s'étendent des plaines élevées, comme le *plateau du Brésil*, ou basses, comme les *llanos* de la *Colombie*, la région boisée de l'*Amazone* (Brésil) et les *pampas* de *la Plata*.

Les principaux fleuves sont l'*Orénoque*, le *fleuve des Amazones* (le plus long du monde entier), et le *Rio de la Plata* : ces fleuves se jettent dans l'océan Atlantique.

DEUXIÈME LEÇON.

PRODUCTIONS. — Les principaux produits de l'Amérique du Sud sont : dans la région du nord et de l'est, le coton, le café, le cacao, la canne à sucre, le tabac, le caoutchouc, les bois de teinture; dans la région du sud-est, les laines et les peaux de bœufs, etc.; dans la région de l'ouest, l'argent, le cuivre, le guano et le quinquina.

Les animaux particuliers à ce continent sont : le lama, le jaguar, l'autruche des pampas, le condor et de nombreuses variétés de singes et d'oiseaux aux brillantes couleurs.

TROISIÈME LEÇON.

GÉOGRAPHIE POLITIQUE. — Les principaux États sont : au nord, le VENEZUELA, *capitale* Caracas, les ÉTATS-UNIS DE COLOMBIE, *capitale* Santa-Fé de Bogota, qui possèdent l'isthme et le chemin de fer de *Panama*, la République de l'Équateur, *capitale* Quito; à l'ouest, le Pérou, *capitale* Lima, la Bolivie, *capitale* La Paz, et le Chili, *capitale* Santiago, *port principal* Valparaiso sur le Pacifique; au sud-est, la Confédération Argentine, *capitale* Buenos-Ayres; l'Uruguay, *capitale* Montevideo; le Paraguay, *capitale* l'Assomption. Toutes ces républiques sont d'anciennes colonies espagnoles. A l'est, l'Empire du Brésil, ancienne colonie portugaise, le plus grand État de l'Amérique du Sud, *capitale* Rio-Janeiro sur l'Atlantique; au nord-est, les Guyanes, partagées entre la France, l'Angleterre et la Hollande.

Questionnaire.

I. Quelles sont les bornes de l'Amérique du Sud? — Quelle est la forme du continent? Quelles sont les mers qui le baignent? — Quel est le cap qui termine l'Amérique du Sud? — Où est situé le détroit de Magellan? — Quelle est l'origine de ce nom? — Quel est l'aspect du littoral de l'océan Pacifique, de l'océan Atlantique?

Quelle est la plus grande chaîne de montagnes de l'Amérique du Sud? — Quel est l'aspect de la Cordillère des Andes? — Y trouve-t-on des volcans?

Quels sont les plateaux les plus vastes de l'Amérique du Sud? — Quels sont les pays de plaines basses? — Qu'entend-on par llanos, savanes, pampas? — Toutes les plaines du continent offrent-elles la même physionomie? — Quel est le caractère particulier de la plaine basse de l'Amazone?

Quels sont les deux grands versants de l'Amérique du Sud? — Indiquer les principaux fleuves. — Quel est le plus grand fleuve de l'Amérique du Sud?

II. Quelles sont les causes principales de la diversité des climats dans l'Amérique du Sud? — Les cultures, les arbres et les animaux des plateaux sont-ils les mêmes que dans la région des basses plaines? — Quelles sont les productions de la région septentrionale? orientale? — Quel est l'usage du cacao? du caoutchouc? — Quelles sont les principales richesses minérales du continent? — Quelle en est la population? — A quelle race appartient-elle? — Quelle est l'origine de la plupart des habitants de race blanche?

III. Quels sont les États de la région du Nord? — de la région du Sud-Est? — Quel est le plus grand État de l'Amérique du Sud? — Quelle est la capitale du Brésil? — Nommer les principaux ports de l'Amérique du Sud. — Y existe-t-il des colonies européennes?

Exercices.

Tracer sur l'ardoise ou au tableau la carte physique de l'Amérique du Sud : contours, montagnes, fleuves.

Montrer sur un planisphère la route la plus courte pour se rendre du Havre à Valparaiso par mer, sans débarquer, — par mer et par chemin de fer.

CHAPITRE V

OCÉANIE.

Le nom d'**Océanie** s'étend aux nombreux archipels disséminés dans l'océan Pacifique, entre l'Amérique et l'Asie, et au continent de l'**Australie** ou Nouvelle-Hollande.

La superficie totale de l'Océanie est un peu plus grande que celle de l'Europe ; la population est de 40 millions d'habitants.

I

Les géographes l'ont divisée en trois régions, d'après les races diverses qui l'habitent : au nord-ouest est située la **Malaisie ou Archipel Asiatique**, où dominent les Malais, race énergique, intelligente, mais indomptable, et dont les pirateries infestent encore les mers de l'extrême orient.

Cette région, chaude et volcanique, inondée pendant plusieurs mois par les pluies et qui produit en abondance le café, le sucre, le tabac, le poivre, les épices telles que la *noix muscade et les clous de girofle, le riz, le coton, l'indigo, le caoutchouc, les bois de toute espèce, semble par

Fig. XLIX. — L'orang-outang (... de hauteur).

la nature du sol, par sa végétation, par ses animaux (la panthère, le tigre, l'éléphant, l'orang-outang, etc.), se rattacher à l'Asie.

La Malaisie comprend : 1° les **Possessions hollandaises** : *Îles de la Sonde*, dont les principales sont : **Java**, capitale *Batavia* ; **Sumatra**, grande île séparée de la presqu'île de Malacca par le détroit de *Malacca* ; **Banca**, avec ses mines d'étain ; l'archipel des **Moluques**, ou îles aux épices ; l'île de **Bornéo**, la plus vaste de l'Océanie après l'Australie, riche en mines d'or et de diamants.

2° Les **Possessions espagnoles**, îles *Philippines*, capitale *Manille*.

II

À l'ouest, la **Mélanésie** (îles des noirs) est habitée par des peuples de race noire, les uns à cheveux lisses (Australie), les autres à cheveux laineux (Papous, habitants de la *Nouvelle-Guinée*, grande île située au nord de l'Australie), livrés aux grossières superstitions du fétichisme, race condamnée à disparaître devant l'invasion européenne.

Fig. L. — Kangurou (atteint 1 mètre de hauteur).

Possessions anglaises. — La terre la plus importante de la Mélanésie est le continent de l'**Australie**, grand comme les deux tiers de l'Europe, sablonneux, couvert de steppes, de forêts ou de broussailles dans sa partie centrale, où on ne trouve ni cours d'eau, ni lacs permanents, mieux arrosé et plus accidenté au sud-est et à l'est.

L'Australie a des végétaux et des animaux qui lui sont particuliers, tels que le kangourou, l'écureuil volant, etc.

Le continent appartient tout entier à l'Angleterre. Les principales villes sont les ports de *Sydney* à l'est et de *Melbourne* au sud-est, centre d'une région riche en mines d'or, en céréales et en pâturages qui nourrissent de nombreux troupeaux de moutons.

Au sud de l'Australie les Anglais possèdent aussi l'île de *Tasmanie*.

Possessions françaises. — La France possède dans la Mélanésie la **Nouvelle-Calédonie**, capitale *Nouméa*, colonie pénitentiaire.

III

A l'est et au nord de l'Océanie s'étend la **Polynésie**

Fig. 44. — Île entourée de récifs de corail.

(région des îles nombreuses), occupée par des populations au teint basané, et qui se rapprochent du type malais. A l'exception de ceux qui ont été convertis par les missionnaires protestants ou catholiques, les Polynésiens sont encore fétichistes.

Presque toutes les îles de la Polynésie doivent leur existence soit à des soulèvements volcaniques, soit au travail d'animaux marins de la même nature que ceux qui produisent le corail, et qui finissent par élever de véritables bancs où s'entassent des coquillages, du sable, où la végétation se développe peu à peu et couvre de verdure et d'ombrage ces âpres récifs.

Parmi les nombreux archipels de la Polynésie, les plus importants sont, au sud : la **Nouvelle-Zélande**, composée de deux grandes îles, possession anglaise, riche en forêts, en pâturages et en mines d'or ; au centre, les archipels de **Taïti**, et des îles *Marquises*, possessions françaises ; au nord, l'archipel volcanique des îles **Sandwich** ou *Haouaï*, indépendant et civilisé par les missionnaires anglais et américains.

IV

Terres australes. — Au sud de l'Océanie, de l'Amérique et de l'Afrique, s'étend l'*océan Glacial antarctique*, couvert de glaces fixes ou flottantes, et qui baigne des terres désertes, imparfaitement reconnues par les pêcheurs de phoques et de baleines et par les navigateurs qui ont osé se hasarder dans les solitudes des mers australes.

RÉSUMÉ.

L'Océanie s'étend dans l'océan Pacifique entre l'Amérique à l'est et l'Asie à l'ouest. Elle se divise :

1° En *Malaisie*, au nord-ouest (race malaise), comprenant les îles de Java, *capitale* Batavia, de Sumatra, de Bornéo, possessions hollandaises, et les Philippines, possession espagnole.

2° *Mélanésie*, au sud-ouest (race noire), comprenant le continent de l'Australie, *villes principales* Sydney et Melbourne, possession anglaise, la Nouvelle-Calédonie, colonie française, la Nouvelle-Guinée, etc.

3° *Polynésie*, à l'est et au nord-est (race basanée), comprenant les possessions françaises, archipels de Taïti et des Marquises ; la Nouvelle-Zélande, possession anglaise ; les îles Haouaï ou Sandwich, indépendantes.

ASIE
Tropique du Cancer
MER DE LA CHINE
Luçon
ILES PHILIPPINES (E)
I. Mindanao
Iles Carolines (E)
Arch. de Magellan
Iles Sandwich
Équateur
I. Marquises (F)
CÉLÈBES
BORNEO (H)
ILE DE SUMATRA (H)
Batavia
ILE JAVA (H)
Nouvelle Guinée
POLYNÉSIE
MICRONÉSIE
MÉLANÉSIE
OCÉANIE D'ASIE
I. Taïti (F)
OCÉAN INDIEN
(A)
AUSTRALIE
OU
NOUVELLE HOLLANDE
Capricorne
Tropique du Capricorne
AUSTRALIE OCCIDENTALE
AUSTRALIE MÉRIDIONALE
TERRE DE LA REINE
NOUVELLE GALLE DU SUD
Perth
Adelaïde
Sydney
Auckland
Tasmanie (A)
ou ci-devant Van Diemen
Nouvelle Zélande
OCÉANIE
(F) Colonies Françaises
(A) Anglaises
(H) Hollandaises
(E) Espagnols
(P) Portugaises

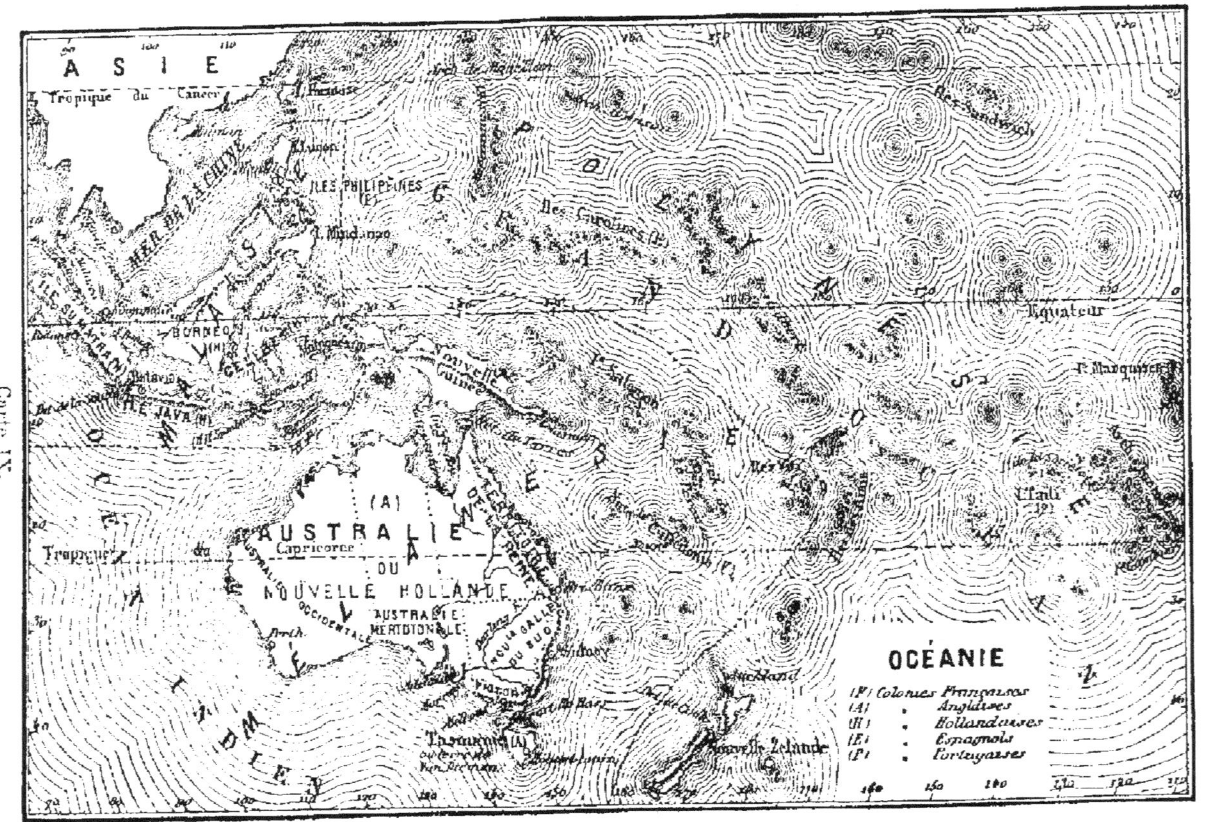

Carte IX.

Les principales productions de l'Océanie sont : dans la Malaisie, le café, les épices, le riz, le sucre, le tabac, le caoutchouc, l'étain ; dans la Mélanésie, l'or et les laines.

Questionnaire.

Quelle est l'origine du nom d'Océanie? — Quelle est la situation de l'Océanie? — Quelles en sont les grandes divisions? — Pourquoi a-t-on adopté ces divisions? — Quels sont les caractères qui distinguent les diverses races océaniennes? — Quelles sont les possessions européennes en Malaisie? — Énumérer les principales îles. — Indiquer les principales productions. — Quelles sont les possessions françaises en Mélanésie? — Quelle est la situation de l'Australie? — Quelle est l'origine de ce nom? — Quels sont les caractères généraux du continent australien? — Quelles sont les principales villes? — L'Angleterre a-t-elle d'autres possessions en Océanie? — Quelles sont les principales productions de l'Australie? — Quels sont les caractères généraux des îles polynésiennes? — Indiquer les établissements européens. — Quel est le principal archipel indépendant? — Qu'appelle-t-on Terres australes?

Exercices.

Tracer la carte d'Australie. — Indiquer sur une carte muette les établissements européens. — Montrer sur un planisphère la route la plus courte pour se rendre par mer de Marseille à Melbourne en Australie.

TABLE DES MATIÈRES

LIVRE I

NOTIONS GÉNÉRALES.

LIVRE II

ANCIEN CONTINENT. EUROPE.

LIVRE III

L'ANCIEN ET LE NOUVEAU CONTINENT, MOINS L'EUROPE.

TABLE DES CARTES

TABLE DES FIGURES

SAINT-CLOUD. — IMPRIMERIE VVE EUG. BELIN ET FILS.

www.ingramcontent.com/pod-product-compliance
Lightning Source LLC
LaVergne TN
LVHW021843170726
843503LV00003B/1049